Evelin Bürger · Johannes Fiebig

TAROT

Spiegel Deiner Möglichkeiten

Erschienen im Oktober 1984

Verlag, Vertrieb und Copyright:
Verlag Kleine Schritte
Brigitte Heidebrecht + Co.
Postfach 180129
5300 Bonn 1

Herstellung:
Druckerei Locher GmbH
Raderberger Straße 216–224
5000 Köln 51

Titelbild:
Hans-Peter Philips

Tarotkarten:
AGM Müller Spielkartenfabrik
8212 Neuhausen/Schweiz

ISBN 3-923261-05-5

Inhalt

Möglichkeiten des Tarots

Das Interesse an Tarot ist in den letzten Jahren auch hierzulande erfreulich gestiegen. Das zeigen u.a. unsere Erfahrungen im Freundes- und Bekanntenkreis. Tarot ist inzwischen nicht nur Gegenstand von esoterischen Fachbüchern und von kleinen spirituellen Gruppen. Frauen- und Wochenzeitschriften, psychoanalytische und literarische Veröffentlichungen, die Frauen- und Männerliteratur haben sich des Themas angenommen. Die „Renaissance der Tarot-Karten" (Uta van Steen) hat viele Gründe, und das Interesse wird in Zukunft eher noch steigen.

Tarot setzt auf Deine Selbständigkeit

Auf den 78 Spielkarten des Tarots sind die 22 Stationen der „großen Reise" und die je 14 Stationen der vier Farbreihen oder „kleinen Reisen" aufgezeichnet. Man spricht auch von den 22 „großen" und den 56 „kleinen" Karten oder *Arkana* (Arkanum = Geheimnis; Arkana ist der Plural).

Die Kartenbilder wenden sich an die Fantasie und die Intuition ihrer/s Betrachterin/s. Sie wirken wie ein Spiegel, in den Du hineinschaust. Wenn Du willst, kannst Du Dich und auch Deine Umwelt damit ausleuchten. Tarot hat sich als hilfreiches Mittel der Selbstreflexion und Erkenntnis bewährt. Einer der großen Vorteile des Tarots ist: Du weißt, wenn Du die Karten liest, immer, daß Du es bist, die/der da bestimmte Dinge sieht und hineininterpretiert. Du hast beim Tarot die Karten in der Hand. Du bestimmst, wohin und wie weit Du mit ihnen gehen willst. Da ist auch kein Meister oder Guru, auf den Du Dich einlassen müßtest, kein starres Raster oder System. Tarot setzt auf Dein selbständiges Interesse, ein tieferes Verständnis für Situationen und Probleme des Alltags zu gewinnen. Zugleich ist Tarot als ein Spiel angelegt, und es behält seinen spielerischen Charakter, auch wenn Du dabei sehr tief in Dich hineinschaust.

Tarot kann den Alltag bunter machen

Wer Tarot nicht kennt, mag sich fragen, warum erwachsene, aufgeklärte Menschen sich Zeit und Muße nehmen, Kopf und Herz in einen Packen Karten voll bunter Bilder zu stecken. Darauf gibt es verschiedene Antworten, und schließlich muß man es selbst ausprobieren. Tarot kann sehr spannend sein. Man kann sich Fragen stellen und in den Karten Antworten finden. Tarot kann ein Mittel sein, um mit der inneren Stimme in Kontakt zu kommen. Das kann Entscheidungen erleichtern. Man kann Fantasiereisen in der Bilderwelt der Karten unternehmen und sich Geschichten zu einer Folge von Karten ausdenken.

Eine bestimmte Karte, zu Hause oder an der Arbeitsstelle plaziert, kann wie der Knoten im Taschentuch an Vorsätze und Absichten erinnern. Man kann sich gegenseitig die Karten legen und in eingefahrene Gespräche, z.B. in Arbeitspausen oder auf Feiern, Abwechslung und ein Stück Annäherung hineintragen. Mit Hilfe der Karten kannst Du vielleicht leichter von Dir und Deinen Ideen erzählen. Die Karten können in persönlichen Gesprächen als Brücke dienen, andererseits auch eine gewisse Distanz wahren helfen, wenn Du das willst. Geeignet ist Tarot außerdem für Phasen der Zurückgezogenheit und für Meditationen. Auch in Selbsterfahrungs- und Gruppenprozessen hat es sich als Hilfsmittel bewährt.

Tarot hilft, Bedeutungen zu verstehen

Die Welt ist voller Symbole, die wir in ihrer Bedeutung oft gar nicht bewußt wahrnehmen. Die Seele, unsere innere Wahrnehmung registriert jedoch die Tagesereignisse auf eigene Weise und verarbeitet sie zu inneren Eindrücken und Bildern, die sich in Träumen, intuitiven Einfällen und Assoziationen Ausdruck verschaffen. Deren Bedeutungen kennenzulernen ist aufschlußreich und nützlich. Es kann einfache Neugier sein, die zur Beschäftigung mit den inneren Bildern führt, oder das Interesse, der Fantasie einen größeren Spielraum zu geben. Es kann ebenso das Bedürfnis nach einer bewußten und einfühlsamen persönlichen Lebensgestaltung sein. Solange die innere Bedeutung

Deines praktischen Tuns im Unbewußten verborgen ist, kennst Du nur die eine Seite von Dir (vgl. die Karte VII-Der Wagen). Wenn Du mit Deinen inneren Bildern arbeitest und ihre Sprache verstehen lernst, findest Du jedoch zu tieferen Bedeutungen. Du erschließt Dir Deine innere Stimme und damit zugleich eine verläßliche Quelle Deiner persönlichen Orientierung.

Für solche Wahrnehmungs- und Verständnisprozesse ist Tarot gut geeignet. Mit seinen 78 Bildern und reichen Verknüpfungsmöglichkeiten ist es ein differenziertes Darstellungs- und Ortungsmittel, das vielfältige Symbole erfassen und deuten kann.

Tarot kann persönliche Orientierungshilfen geben

Die Karten wirken oft bereits deshalb als Orientierungshilfe, weil Du Dir einmal Zeit nimmst, Dich hinzusetzen und Dich mit Deiner Person oder bestimmten Problemen zu beschäftigen. Weil die Karten etwas Spielerisches an sich haben, kannst Du Dich persönlichen Themen und Fragen unverkrampfter widmen, als wenn Du nur nachdenkst und sofort zu Ergebnissen kommen willst. Die Karten zu lesen bedeutet auch, ein Medium zu haben, mit dem Du Dich selbst von außen betrachten kannst; Du trittst Dir selbst gegenüber, ein Vorgang, für den z.B. die Karte VI-Die Liebenden stehen kann. Tatsächlich ist es jedesmal eine kleine Liebeserklärung an Dich selbst, wenn Du bereit bist, Dich auf Dich einzulassen und Deinen Wünschen und Ängsten Raum zu geben.

Der Sache nach können die Karten Orientierungshilfen geben, weil sie Symbole konzentrieren und die Inhalte innerer und äußerer Bilder deutlich machen. Manchmal erhebt sich hier der Einwand, daß die Kartenbilder überholt wirken, fern ab von zeitgenössischen Motiven, und daß dies ihre heutige Verwendung einschränke. Tatsächlich lebt das Raider-Waite-Kartendeck (welches das meistverbreitete ist und das wir deshalb auch diesem Buch zugrundelegen) von Bildern, die an das Mittelalter erinnern. Die Kritik von Billie Potts, es sei „ein stark christianisiertes Deck... in pseudo-mittelalterlichem, romantischem Stil",*) hat ihre Berechtigung, und dennoch besitzt gerade die Bilder-

*) Die Quellenangaben für alle Zitate befinden sich auf S. 122ff.

welt des Raider-Waite-Decks ihre Vorteile. Nicht nur deshalb, weil es eines der wenigen Decks ist, auf denen auch die 56 kleinen Karten mit Figuren ausgemalt sind (die meisten anderen Decks zeigen stattdessen ornamentale Strukturen).

Die Vorteile gerade dieser „überholten" Bilder liegen auf einer anderen Ebene. Sie versammeln in typischer und wirkungsvoller Weise die Symbole und Muster unserer abendländischen Tradition. Zwar ist das geschlossene Weltbild der abendländischen Kultur längst auseinandergebrochen. Wir stehen an der Schwelle eines neuen Zeitalters. Dennoch beziehen wir viele unserer Werte und persönlichen Orientierungen aus dem Gedankengut alter Zeiten. Da ist etwa der ausdrückliche oder unbewußte Glaube an höhere Instanzen, die uns sagen, wo's langgeht. Da ist zum Beispiel auch die innere Bewährung gegenüber einem Großen Vater oder einer Großen Mutter, die wir in uns tragen. Die Art der Intimbeziehungen oder auch das Verhältnis von Arbeit und Freizeit hat sich gegenüber früher erheblich gewandelt, und dennoch haben wir oft keine anderen Vor-Bilder griffbereit als die aus den Zeiten unserer Vorfahren.

Der Vorteil der Tarot-Bilder liegt u. a. darin, daß sie traditionelle innere Leitbilder und Motive sichtbar machen können. Mit der Obrigkeit kannst Du Dich z. B. bei der Karte V-Der Hierophant beschäftigen. Vater und Mutter können Thema bei der III-Die Herrscherin und der IV-Der Herrscher sein usw. Wenn uns unsere persönlichen Grundmuster deutlich werden, erleichtert das die Auseinandersetzung mit ihnen und es hilft, eigene Orientierungen zu entwickeln und auszubauen.

Die alten Muster funktionieren nicht mehr oder nicht mehr gut. Doch es geht nur weiter zu tragfähigen neuen Leitbildern, wenn wir uns die überkommenen bewußt klarmachen und verändern. Nach unserer Erfahrung ist das eine Aufgabe für jede/n einzelne/n und zugleich kein individuelles, sondern ein gemeinsames Problem.

Tarot – ein Zeichen unserer Zeit

Auf diesem Hintergrund hat die „mittelalterliche" Darstellung der Tarot-Karten ihre heutige Funktion. Offenbar brauchen wir die Auseinandersetzung mit *diesen* Symbolen noch. Jedenfalls kann es kein Zufall sein, daß alle Versuche, zeitgenössische Tarot-Bilder zu entwerfen, unbefriedigend ausgefallen sind und nie die inhaltliche Dichte der alten Decks erreichen. (Die einzige Ausnahme sind vielleicht die von Margret Petersen gemalten Karten; diese gibt es bislang jedoch nur für einen Teil der großen Arkana, und man muß abwarten. Die bisher fertiggestellten Bilder sind als Postkarten in Frauenbuchläden erhältlich.)

Italo Calvino, ein italienischer Erzähler und Romancier, hat Geschichten von und mit Tarotbildern geschrieben. Als er es schließlich satt hatte, „schon wieder über dieselben Mittelalter-Renaissance-Symbole (zu) phantasieren", machte er sich auf die Suche nach „modernem Bildmaterial": „Doch wo haben wir ein heutiges Äquivalent für die Tarocks als Abbild des kollektiven Unbewußten?" (Tarocks = ältere Bezeichnung für Tarotkarten; italienisch tarocchi). Er versuchte es u.a. mit Comics. Schließlich gab er die Suche ohne Erfolg auf.

Umberto Eco, Autor von „Der Name der Rose", bemerkte einmal sinngemäß, die Beschäftigung mit dem Mittelalter gleiche einem Ausflug in die Kindheit unserer Gesellschaft und Kultur. Heute steht unsere abendländische Zivilisation im Greisenalter. Wir erleben den Anbruch des „Wassermann-Zeitalters", dessen Chancen in einer alternativen Kultur liegen, in einer neuen Synthese von Individuum und Gesellschaft, Seele und Bewußtsein, Natur und Technik usw. Was das inhaltlich bedeutet, davon sprechen auch die dem Sternzeichen Wassermann zugeordneten Karten in diesem Buch (XVII-Der Stern, Schwert-König und XXII/O-Der Narr), wenn man die gegebenen Deutungen gesellschaftlich versteht. Doch bevor wir diesen neuen Zeit-Raum wirklich leben können, brauchen wir u.a. die Ausflüge in unsere individuelle und kulturelle Kindheit, um unsere Wurzeln zu finden und bewußt einen neuen Bezugsrahmen zu schaffen.

Tarot – eine alte Kunst

Um die Geschichte des Tarots ranken sich viele Legenden. Feststeht, daß Tarotkarten um die Mitte des 15. Jahrhunderts in oberitalienischen Fürstenhäusern existierten und daß sie hundert Jahre später in Italien, wahrscheinlich auch schon in Deutschland und Südfrankreich, eine größere Verbreitung hatten. Feststeht weiterhin, daß das Tarot im 18. Jahrhundert in Frankreich eine große Popularität erreichte. Dort kursierte das Deck „Tarot de Marseille“, das noch heute in Umlauf ist. Interessanter als diese nackten Fakten sind zwei mit ihnen verknüpfte Punkte: Zum einen decken sich die Bildmotive der Karten aus diesen beiden maßgeblichen Ursprungslinien durchgängig in ihrer Grundstruktur. Sie bilden eine direkte Grundlage für unsere heutigen Decks und sind zugleich in ihrer alten Form für uns noch faßbar und verständlich. Zum anderen fällt die nachweisliche Entstehung und Ausbreitung der Tarot-Karten zeitlich mit der Geschichte des Humanismus und der Aufklärung zusammen.

Die Renaissance des 15. und 16. Jahrhunderts erlebte die erste Tarot-Welle. Diese Epoche besann sich auf die Antike, um von daher Impulse für den Aufbruch aus den herrschenden „dunklen Zeiten“ zu beziehen. „Gemeinsam war Philosophie und Kunst der Renaissance die Überzeugung, daß die Welt ein großes harmonisches System sei, in das sich der Mensch einfüge, wenn er alle seine Fähigkeiten und Möglichkeiten entfalte.“ (Helmut G. Walther). Mit den Glaubens- und Hegemonialkriegen endeten zunächst Renaissance und Humanismus, und auch die belegte Tarot-Geschichte reißt ab. Die zweite Tarot-Welle fiel in die Zeit der Aufklärung und der französischen Revolution. In ganz Europa, namentlich in Frankreich, führte der gesellschaftliche Umbruch Menschen in Clubs und Zirkeln zusammen, die neue Lösungen suchten und oftmals eine interessante Gratwanderung zwischen mittelalterlicher Alchemie, Magie und Mystik und andererseits den neuzeitlichen Wissenschaften vollzogen. Die Aufklärer erneuerten den Glauben an die menschliche Vernunft und an das menschliche Potential. Mit der Restauration zu Beginn des 19. Jahrhunderts versiegte die Aufklärung als Bewegung. Das Tarot lebte (abgesehen von seiner regionalen Verbreitung als reines Kartenspiel) von da ab bis in die 50er Jahre unseres Jahrhunderts nur in kleinen esoterischen Gruppen weiter.

Die Renaissance des Tarots

Die Renaissance des Tarots in unserem Jahrhundert beginnt in den 50er und 60er Jahren in den USA. Hier sind es zunächst Intellektuelle

Tarot ist…

„Tarot ist eine von vielen möglichen Treppen in Deine Tiefe." (Luisa Francia)

„Zwischen mystischem Firlefanz und traumfeindlichem Intellekt spricht nun das Tarot spielerisch die Intuition an." (Uta van Steen)

„Tarot ist ein wichtiges psychisches Hilfsmittel zur spirituellen Orientierung, das von Frauen wieder in Besitz genommen werden kann und muß." (Billie Potts)

„Tarot ist Symbolik; andere Sprachen und Zeichen sind ihm fremd." (Dr. Arthur E. Waite)

„Tarot – das ist eine Welt für sich, ein fast unerschöpflicher Schatz." (Edwin J. Nigg)

„Tarot könnte man als Bilderbuch Gottes bezeichnen. Oder man könnte es mit einer Art himmlichem Schach vergleichen, wobei die Großen Karten nach ihrer eigenen Gesetzmäßigkeit auf dem gescheckten Brett der vier Elemente bewegt werden." (Lady Frieda Harris)

„Tarot ist das Yoga des Westens." (Hans-Dieter Leuenberger)

„Tarot ist spiritueller Poker." (Swami Prembodhi)

„Als Anregung für die Phantasie und als Gesellschaftsspiel mit Tiefgang ist Tarot eine schöne Sache." (Karin Petersen)

„Tarot – in den Bildern von der anderen Seite des Spiegels lesen." (Anna Dinkelmann)

und Künstler, die eine ganze Reihe von transzendenten und mystischen Erfahrungen vor allem nicht-westlicher Kulturen verarbeiten. Neue Formen der Spiritualität sind dann Bestandteil der Hippie- und der späteren Landkommunenbewegung, sie beeinflussen auch das öffentliche Leben. Ende der 60er Jahre grassiert in den Vereinigten Staaten bereits das Tarotfieber. Der „Tarot-Professor" Stuart R. Kaplan schreibt 1971: „Das Tarotfieber hat Teenager und Studenten, Hausfrauen und Geschäftsleute, Akademiker und Sammler, kurz, Leute aus allen Bereichen erfaßt. Zeitungen, Zeitschriften, Radio und Fernsehen berichten oft über die Tarotwelle. Teenager schwelgen in Tarotparties . . .", und das nächste klingt schon fast furchterregend: „Erwachsene gehen zu Tarotessen, Tarotwohltätigkeitsveranstaltungen und sogar zu Tarotpicknicks, und fleißig werden die Karten gelegt."

Heute sind in der Welt mehr als 250 verschiedene Tarot-Decks verbreitet. Allein die Auflage des Raider-Waite-Decks geht in die Hunderttausende. Die meisten Decks wurden erst nach 1950, namentlich in den 60er und 70er Jahren veröffentlicht. Zum Teil sind sie Neuanfertigungen nach alten oder zeitgenössischen Motiven. Zum anderen Teil wurden erst jetzt lange geheimgehaltene Decks der Öffentlichkeit übergeben, so z.B. das Deck von Aleister Crowley und Lady Frieda Harris 1969 und das Deck des Golden-Dawn-Ordens 1978.

Über die Frauenbewegung und über alternative und spirituelle Strömungen hat Tarot in den 70er Jahren auch in der Bundesrepublik Kreise gezogen und sich seit Anfang der 80er Jahre rasch verbreitet.

Flucht in Mythen und Symbolismen?

Die Wiederentdeckung des Tarots in jüngster Zeit geht einher mit der Suche nach anderen Lebensformen, der eigenen Identität, nach einer zeitgemäßen Spiritualität und einem neuen Wissen. Diese Prozesse spielen sich in vielen Lebensbereichen ab. Ihnen wird wiederholt der Vorwurf der Realitätsflucht gemacht. *„Die Aufklärung entläßt ihre Kinder"*, war im Sommer 1984 die Überschrift einer Artikelfolge in der ZEIT, die für jene Kritik ein gutes Beispiel ist. Ihr Autor Fritz J. Raddatz, einer der einflußreicheren bundesdeutschen Kulturkritiker, witterte eine „gigantische Umwertung unserer Gefühls- und Denkwelt“ und wetterte eifrig gegen „die Flucht ins Geheimnis“: „Vernunft, Geschichte, Fortschritt werden verabschiedet: Mythos ist der neue Wert.“ Quer durch alle Sparten des Kulturbetriebes stellt Raddatz eine Wiederentdeckung der Mythen und Urbilder und auch des Religiösen fest, für die er immer neue Schlagworte der Kritik und Ablehnung findet: „Das ist der Rückzug aus der Wirklichkeit.“ „Eines ist deutlich – die zeitgenössische Kunst ist Beschwörung *geheimnisvoller Bilder*; die Ratio ist verabschiedet.“ (Hervorhebg. v. Verf.).

Was Raddatz formuliert, trifft eine nicht wenig verbreitete Auffassung, derzufolge Betroffenheit und Wissenschaft, Gefühl und Vernunft, Spiritualität und Alltag oder eben Mythos und Geschichte als einander ausschließende Begriffe gelten. Im Namen der Aufklärung wird die *allseitige* Entfaltung des Menschen, der sich u.a. gerade die Aufklärer (jedenfalls in maßgeblichen Teilen) verschrieben hatten, für unzeitgemäß erklärt.

Rückschläge für die klassische Esoterik

Es ist eine auffällige Erscheinung, daß die neu gewachsene Verbreitung des Tarots nicht von einer auch nur annähernd entsprechenden Ausdehnung der klassischen Esoterik begleitet ist (das gilt z.B. genauso für das wiederbelebte Interesse an der Astrologie, das in den letzten Jahren bei uns noch ungleich stärker als das am Tarot gestiegen ist). Wir erleben zwar eine Schwemme von Veröffentlichungen zum Thema Esoterik und Grenzwissenschaften. Aber – abgesehen davon, daß ohnehin ein großer Teil davon wenig esoterisch, sondern psychologisch und lebenskundlich ausgerichtet ist – es ist eher das selbständige Interesse der Öffentlichkeit an Prozessen der Persönlichkeitsentwicklung, das sich die verschiedensten Erkenntnisse auf diese Weise einverleibt. Die klassische Esoterik dagegen ist schulmäßig, quasi konfessionell organisiert und lebt in festen Riten. Sie hat weder Breitenwirkung noch Popularität.

Die Rolle der Esoterik hat sich gewandelt, und das Beispiel des Golden Dawn-Ordens soll uns zeigen, warum. Die okkulten Bünde haben sich in der Vergangenheit Verdienste um die Sammlung und Weitergabe

„verborgenen Wissens" erworben. Sie waren es, neben den „Zigeunern" (Sinti und Roma), die – oft unter kirchlicher oder staatlicher Verfolgung – die Kunst des Tarots, der Astrologie, der Zahlenmystik und anderer Bereiche über die Jahrhunderte hinweg überlieferten. Hier lagen u.a. umfangreiche Kenntnisse des altägyptischen, altpersischen und altjüdischen Gedankenguts vor. Das beantwortet nebenbei die häufige Frage nach den Ursprüngen des Tarots im Alten Ägypten oder im Vorderen Orient. Solche Quellen lassen sich für die Karten selbst nicht nachweisen. In den geheimen Orden lebte jedoch das Wissen von jenen Epochen und verflocht sich mit der Geschichte des Tarots. Der Golden-Dawn-Orden, eine englische Rosenkreuzer-Vereinigung, wurde 1888 gegründet und steht für eine späte und hohe Entwicklungsstufe der Esoterik. Von Ordensmitgliedern wurden mehrere bedeutende Tarot-Decks entwickelt. So von Aleister Crowley (Konzept) und Lady Frieda Harris (Herstellung der Karten), die ihr Deck 1943 fertigstellten. Das später sogenannte Raider-Waite-Deck, das nach Plänen von Dr. Arthur E. Waite von Pamela Colman Smith gemalt wurde, entstand zu einem uns unbekannten Zeitpunkt im ersten Drittel dieses Jahrhunderts. Das ist der Zeitraum, der u.a. mit der Entwicklung der Psychologie ganz neue Erkenntnisse vom Menschen und seinem Unbewußten brachte. Es zeigt sich nun eine bemerkenswerte widersprüchliche Entwicklung: Auf der einen Seite gelang es Okkultisten wie A.E. Waite und P.C. Smith in dieser Zeit, traditionelle Inhalte des Tarots so zu verdichten und neu zu zeichnen, daß wir ihre Karten noch heute verwenden und in ihnen geeignete Bilder zur Erfassung von individuellen und kollektiven Urtypen erkennen. Auf der anderen Seite markierte der Anbruch der modernen Wissenschaften und Künste in jener Zeit den Anfang vom Ende der klassischen Esoterik. Im zweiten Drittel des Jahrhunderts verlor auch der seinerzeit blühende Golden-Dawn-Orden rasch an Wirksamkeit und Bedeutung.

Es geht der klassischen Esoterik in dieser Beziehung ganz ähnlich wie den etablierten Kirchen. In dem Maße, wie die allgemeine Kenntnis vormals verborgener Zusammenhänge wächst, verlieren althergebrachte Doktrinen und Riten an Bedeutung. An die Stelle des Glaubens tritt die eigene Erfahrung, auch die von Grenzbereichen. Lernen und Lehren, auch in bezug auf tiefere Lebensfragen, vollziehen sich immer mehr als selbständiger Prozeß, als gegenseitiger Austausch im

Alltag. „Wir alle sind uns gegenseitig Geburtshelfer." (Michael Murphy).

Ein anderer Alltag

Die Zunahme des Wissens führte zur Entzauberung der früheren Hohen Priesterinnen und Priester. Zugleich gingen aber auch in vielen Bereichen Orientierungen überhaupt verloren und damit das Verständnis für und die Bindung an die Lebensgeheimnisse. Weil Kirchen und Esoterik, quasi in Resten, über mystisches Wissen, über die „direkte Verbindung zur letzten Wirklichkeit" verfügen, haben sie noch eine reduzierte Botschaft. Aber sie haben keine neuen Lösungen.

„Ohne Politik der Ekstase keine Politik der Erkenntnis", antwortete Wolfgang Neuss in einem Leserbrief auf jene Raddatz-Artikel. Die „Umwertung unserer Gefühls- und Denkwelt", von der Raddatz schrieb, ist Teil unserer Suche nach einer neuen Synthese, die u.a. individuell mit der Verbindung von bewußten und unbewußten Prozessen beginnt. Die „geheimnisvollen Bilder" des Tarots sind *ein* Mittel dazu. Sie setzen auf die selbständige Entfaltung der Power einer/s jeden einzelnen. Sie können zu neuen Orientierungen und innerer Sicherheit beitragen in einer Zeit, in der eine einseitig „aufgeklärte" Realpolitik genauso brüchig geworden ist wie seinerzeit die kirchlichen und esoterischen Glaubenssätze.

„Die Religion", schrieb Aldous Huxley, „wird von einer Aktivität, die sich hauptsächlich mit Symbolen befaßt, zu einer Aktivität transformiert werden, die sich hauptsächlich mit Erfahrung und Intuition beschäftigt – ein alltäglicher Mystizismus." Oder: ein mystischer Alltag.

Anwendungen des Tarots

„Zum Kartenlegen brauchst du Mut. Den Mut, die Karten als das zu sehen, was sie in dir auslösen." (Luisa Francia). Wichtiger als irgendeine bestimmte Form der Kartenauslage ist Deine Absicht, mit den Karten zu arbeiten. Wichtiger als irgendeine vorgegebene Deutung der Karten ist Deine Intuition: Deine Bereitschaft, die Bilder zu Dir sprechen zu lassen.

Nimm die Karten und atme tief durch. Überleg Dir, welche Frage Du an die Karten stellen oder über welche Situation Du Aufschluß gewinnen willst. Konzentriere Dich. Wenn Du über die Karten ohne bestimmte Frage meditieren oder fantasieren willst, dann konzentriere Dich darauf, hier und jetzt anwesend zu sein. Atme tief, mach Dich bereit. Misch die Karten, heb sie ab, wenn Du Lust hast, oder fühle mit der Hand über die grob aufgefächerten Karten – und leg aus.

Kleine Auslagen

Da ist zunächst die Möglichkeit, *eine* Karte zu ziehen. Das kann interessant sein, wenn Du kontinuierlich mit Tarot arbeitest und nicht jedesmal eine große Auslage ziehen willst. Die eine Karte ist dann etwas für zwischendurch. Es funktioniert z.B. gut, wenn Du Dir jeden Tag eine Tageskarte legst, die Du aufmerksam betrachtest und deren Botschaft Du mit durch den Tag nimmst. Plazier die Karte an einer sichtbaren Stelle, so daß Du Dich öfter daran erinnerst.

Für den häufigen Gebrauch wie für gelegentliche Nutzung haben sich Auslagen von zwei, drei oder vier Karten bewährt.

Bei drei Karten kannst Du nach diesem Schema verfahren:

1 – Hauptaussage/ Die Kraft, die zur Wirkung kommt
2 und 3 – Aspekte, die Du berücksichtigen mußt

oder

1 – Hauptaussage
2 – Einerseits / Das, was schon vorhanden ist
3 – Andererseits / Das, was neu zu beachten ist

Vier Karten können nach folgendem Schemata gelesen werden:

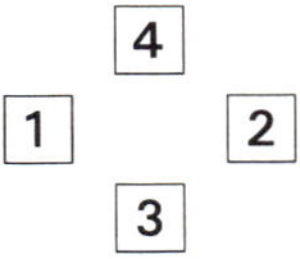

1 und 2 – Hauptaussage
3 – Wurzel oder Basis
4 – Himmel oder Chancen

oder

1 – Einerseits / Der Aspekt, den Du schon kennst
2 – Andererseits / Die Kehrseite
3 – Was geändert werden muß
4 – Urteil, Perspektive

Fünf Karten kannst Du so auslegen:

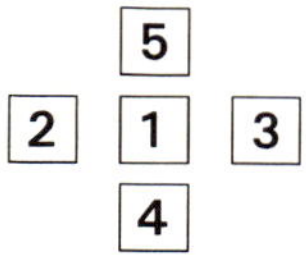

1 – Schlüssel oder Hauptaspekt
2 – Vergangenheit oder das, was schon da ist
3 – Zukunft oder das, was neu zu beachten ist
4 – Wurzel oder Basis
5 – Himmel oder Chancen

oder

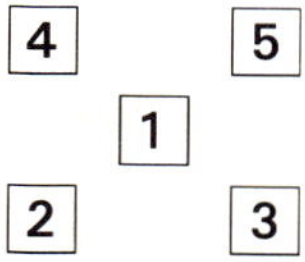

1 – Momentane Situation
2 und 3 – Wo Du herkommst, einerseits / andererseits
4 und 5 – Wo Du hingehst, Gefahren / Chancen

Die kleinen Auslagen erfordern relativ wenig Zeit und sind dennoch wirkungsvoll. Sie eignen sich u.a. auch für Gruppen. Wenn man bei Feiern oder in Gesellschaften anfängt, Karten zu legen, sind bald mehrere Leute interessiert; große Auslagen sind da zu langwierig. Wichtig ist jedoch bei jedem Ziehen, und wenn es nur eine Karte ist, die erneute Konzentration auf Deine Frage bzw. auf Deine innere Verfassung.

Große Auslagen

Verschaff Dir bei den großen Auslagen immer erst einen Überblick über die 11 oder 13 Stationen, die auf Dich zukommen werden. Dann fang an, zu entspannen, Deine Energie auf Deine Frage oder Absicht zu richten, atme, mische und los.

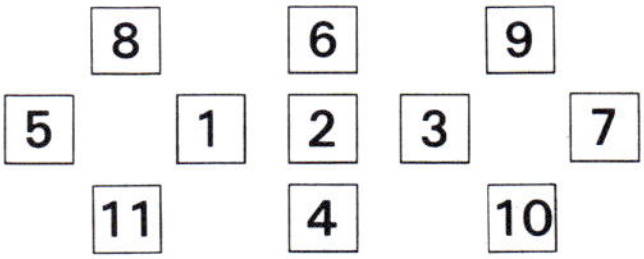

1 – Signifikator, Thema der Frage, Du selbst
2 – Unmittelbare Ergänzung zu 1
3 – Gegensatz oder Ergänzung zu 1 oder zu 1 und 2
(Die drei ersten Karten geben eine erste zentrale Antwort oder Mitteilung.)
4 – Gegenwärtige Situation, Ausgangssituation der Frage
5 – Wurzel, Vergangenheit, Basis, woher die Frage stammt
6 – Unmittelbare Zukunft, nächste Aussichten
7 – Ausblick, weitere Entwicklung
(Zwischenbilanz: Welche Antwort oder Mitteilung geben die ersten sieben Karten?)
8 – Deine innere Kraft, Deine Tiefe, das Unbewußte
9 – Hoffnungen und Ängste zum Thema der Frage
10 – Umgebung, Einflüsse von außen
11 – Resumée oder ein Faktor, auf den Du besonders aufmerksam gemacht wirst, der bereits vorhanden ist und der für Deine Frage besondere Bedeutung gewinnen wird

Die folgende Auslage nennt sich Keltisches oder Sonnenkreuz:

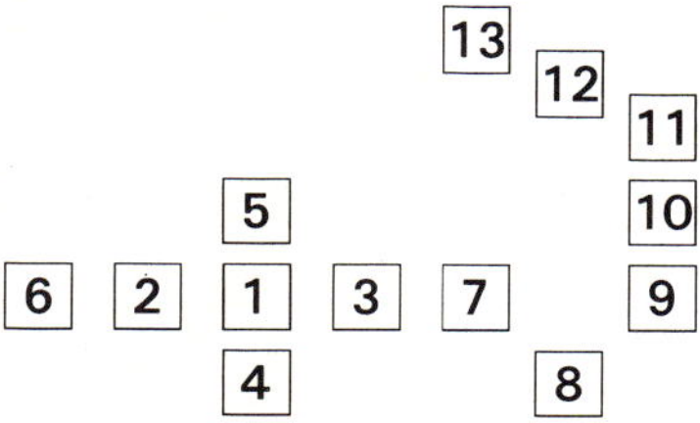

1 – Signifikator, Thema der Frage, Du selbst
2 – Positive oder negative Ergänzung zu 1
3 – Dito
(Die drei ersten Karten geben eine erste zentrale Antwort oder Mitteilung.)
4 – Wurzel, Basis
5 – Himmel oder Chancen
(Die fünf ersten Karten geben einen ersten Gesamteindruck.)
6 – Vergangenheit oder das, was schon da ist
7 – Zukunft oder das, was neu zu beachten ist
(Besinnung auf die Karten 1–7: Sie geben bereits eine abgerundete Antwort oder Mitteilung.)
8 – Zusammenfassung, Spiegel, Akzentuierung der Karten 1–7; Deine innere Kraft, Dein Unbewußtes
9 – Hoffnungen und Ängste
10 – Umgebung und Einflüsse von außen
(Besinnung auf das bisherige Ergebnis)
11 – (sowie evtl. 12 und 13) – Resumée oder ein Faktor, auf den Du besonders aufmerksam gemacht wirst, der bereits vorhanden ist und der für Deine Frage besondere Bedeutung gewinnen wird. (Für das Resumée gibt es die Varianten mit 1 oder 3 Karten.)

Tips zum Kartenlegen

- Gewöhnlich werden die Karten zunächst verdeckt ausgelegt und dann, während der Betrachtung, nach und nach umgedreht. Das ist sinnvoll, weil es die Konzentration pro Karte erhöht.

- Zum Schluß jeder Auslage kannst Du die *Quersumme* aller vor Dir liegenden Karten errechnen. (Hofkarten haben keinen Zahlenwert, Asse = 1.) Ist z.B. die Summe der Zahlen 27, so ist die Quersumme 2 + 7 = 9. Dann holst Du Dir die entsprechende große Karte vor (hier: IX-Der Eremit). Diese Karte kann das Resumée der Auslage zusätzlich unterstreichen oder einen abschließenden Gesamteindruck vermitteln.

- Es gibt viele *Varianten* des Kartenlegens, aber auch viele unsinnige Vorschläge. Ob man z.B. die Karten in der Hand mischt oder auf dem Tisch durcheinanderrührt, ist doch egal. Genauso, ob man mit rechts oder links abhebt usw. – Daß Karten eine negative Bedeutung besitzen, wenn sie mit dem Kopf nach unten aufgedeckt werden, und sonst nur Positives aussagen, halten wir für eine starre, wirklichkeitsfremde Trennung von gut und schlecht. – Daß die „großen" Karten in der Regel ein größeres Gewicht haben als die „kleinen", kann schon gelten. Aber die „kleinen" haben es auch in sich, und daß man für den Signifikator nur eine große Karte akzeptieren soll (solange ziehen, bis eine kommt, oder abbrechen), ist nichts als Schematismus. – Es kann jedoch sinnvoll sein, besonders wenn Du noch nicht lange oder nicht regelmäßig Karten legst, daß Du Dir Deinen eigenen kleinen Ritus für das Kartenziehen schaffst. Das erhöht die Konzentration und Deine Bereitschaft, Dich einzulassen.

- Du bekommst aus den Karten soviel heraus, wie Du hineingibst. Ohne eine bestimmte *Aufmerksamkeit* und Anwesenheit läuft gar nichts. Je mehr Energie Du einsetzt, desto ergiebiger für Dich. Achte auf eine gewisse *Atmosphäre*, wenn Du Karten liest.

- Gerade bei großen Auslagen ist es wichtig, daß Du sie als *Gesamtbild* auf Dich wirken läßt. Schau, ob eine bestimmte Farbreihe besonders vertreten ist, ob sich verwandte Bilder und Symbole zeigen. Nimm den Gesamteindruck mit hinein in Dein Tagesgeschehen.

Weitere Anwendungen

Bei der Anwendung der Karten sind der Phantasie keine Grenzen gesetzt. Zum Beispiel ist es eine interessante persönliche Botschaft, wenn Du einzelne Karten verschenkst, Briefen beilegst usw. (Du brauchst dann zwar ein zusätzliches Deck, das reicht aber auch für länger.) Als weitere Anwendungsformen haben sich das assoziative Kartenlegen und das assoziative Heraussuchen bewährt. Bei ersterem zieht man, nachdem man sich auf eine Fragestellung konzentriert hat, 1–3 Karten. Deren Bilder werden betrachtet und ausgewertet und die Ausgangsfrage wird eingeschränkt oder erweitert. Erneut werden 1–3 Karten gezogen, die entweder gemeinsam die Aussage der ersten Karten weiterführen, oder je eine neue Karte konkretisiert je eine Karte aus dem ersten Durchgang. Diesen Vorgang kannst Du so oft wiederholen, bis Du eine befriedigende Antwort erreicht hast. Die Zahl der gezogenen Karten pro Durchgang kannst Du variieren. Zum Schluß bei Bedarf die Quersumme ziehen und wie immer den Gesamteindruck aufnehmen. Zur Einübung empfiehlt es sich, mit einer Karte pro Durchgang zu beginnen.

Beim assoziativen Heraussuchen werden mit Konzentration, aber nicht unbedingt mit einer bestimmten Frage Karten *aufgedeckt* ausgesucht. D.h. man wendet den Kartenstapel so, daß die Bilder nach oben liegen und geht die Karten langsam durch. Die Bilder, die Dich spontan besonders ansprechen, legst Du heraus und gestaltest sie nach Gefühl zu einer Form vor Dir. Atme, nimm das Gesamtbild auf, laß die Karten sprechen. Dasselbe Verfahren kann man in Gruppen praktizieren. Man erzählt reihum von seinen Eindrücken bei den herausgesuchten Karten. Oder jede/r sucht sich peu à peu Karten heraus und erfindet eine Geschichte dazu.

Deutungen des Tarots

- Die folgenden Deutungen beziehen sich konkret auf das Raider-Waite-Deck. Sie lassen sich jedoch auch auf andere Decks übertragen, da die Grundmotive der meisten Decks identisch sind.
- Die *kursiven* Einleitungssätze geben die jeder Karte zugeordneten Sternzeichen und Planeten an. Die Deutungen selbst können auch unabhängig davon gelesen werden.

„Spielregeln"

- Maßgeblich ist das, was *Du* in der jeweiligen Karte siehst. Laß sie auf Dich einwirken! Die folgenden Deutungen sind Interpretationen auf unserem Erfahrungshintergrund. Es geht um *Deine* Wahrnehmung und Entscheidung.
- Es gibt keine an-sich-guten oder an-sich-schlechten Karten.
- Frauenfiguren auf den Karten gelten auch für Männer, Männerfiguren auch für Frauen, Kinderfiguren auch für Erwachsene.
- Entscheide, wen die jeweilige Kartenfigur für Dich darstellt. In der Regel bist Du es, die/den sie verkörpert. Die Karte kann aber auch für Menschen, Dinge oder Vorgänge in Deiner Umgebung stehen. Jedenfalls: bestimme Dein Verhältnis zu der/n Figur/en.
- „Positive" und „negative" Aspekte einer Karte schließen sich nicht gegenseitig aus. Was im Einzelfall positiv und negativ ist, ist ohnehin sehr wechselhaft.
- Jede Karte spricht für sich und bei jeder neuen Betrachtung auf andere Weise. Laß Dich auf ihre Botschaft ein.
- Entspann Dich. Atme tief. Konzentriere Dich auf Deine innere Fragestellung.

Hexe/Zauberer · Lebenskunst

Merkur, *in der Mythologie Mittler zwischen Göttern und Menschen, steht für angewandtes Wissen, für die Verbindung von Körper, Geist, Seele und Wille.*

Vor Dir liegen die „magischen Werkzeuge“: was fängst Du damit an, wie nutzt Du Deine Potenz? Dir steht die Kraft aller vier Elemente zur Verfügung. Was kannst Du, was fehlt Dir, was möchtest Du gerne ausprobieren? Sag nicht vorschnell: Das oder das kann *ich* doch nicht. Du bist der Möglichkeit nach mit universellen Gaben ausgestattet. Der Zauberstab ist Deine Bereitschaft, Dich und Deine Möglichkeiten in ihrem ganzen Spektrum zu erfahren.

Ein ganzheitliches Leben ist nicht nur Sache von wenigen Eingeweihten. Es ist Aufgabe für uns alle. Es zu realisieren ist das „Einfache, das schwer zu machen ist“. Es bedeutet, in Dir die Synthese zu schaffen von bewußt und unbewußt, von jung und alt, weiblich und männlich, stark und schwach etc. Ein Magier ist ein Mittler zwischen oben und unten. Das heißt: Du stehst auf eigenen Füßen, ausgestattet mit den Gaben des Universums. Je mehr Du von diesen Gaben Gebrauch machst und auf Deine Weise verwirklichst, desto mehr wird der Unterschied zwischen bloßem Überleben und einem entfalteten menschlichen Leben greifbar – für Dich und durch Dich auch für andere. Ob und wie Du Deine Werkzeuge und Talente benutzt, macht einen deutlichen Unterschied in der Welt aus.

Andererseits kann die Karte auch davor warnen, ständig Neues auszuprobieren und als „Wellenreiter“ die Trends mitzumachen. Sie steht weiterhin für Scharlatanerie, ein halbherziges oder theatralisches Umgehen mit den Dingen sowie ein oberflächliches Halbwissen. Du gefällst Dir in der Pose des Eingeweihten, der alles im Griff hat. Laß die Schaueffekte. Letztlich ist immer Deine tatsächliche Lebenspraxis die Botschaft, die andere von Dir empfangen.

Buch des Lebens · Inneres Wissen

Der Mond *steht für Deine Empfindungen, Dein Unbewußtes und Deine innere Stimme.*

Die Hohepriesterin war einst die Eingeweihte, das Orakel, das man um Rat und Hilfe ersuchen konnte. Die Karte kann bedeuten, daß es gut wäre, Dir Rat für Deine momentanen Fragen zu holen. Grundsätzlich kannst und mußt Du Dir jedoch selber helfen. Du findest Dich zwischen den Säulen von Schwarz und Weiß, zwischen den Widersprüchen des Lebens. Wenn Du wissen willst, ob und wie etwas stimmt, mußt Du Erfahrungen auswerten: Zieh Deine Praxis, die Lebenserfahrung anderer, Bücher usw. heran. Aber dann geh nach innen. Es ist wichtig, daß Du Dich mit der inneren Bedeutung Deines praktischen Tuns auseinandersetzt. Solange sie im Unbewußten verborgen ist, bist Du wie ein Wanderer ohne Weg und Ziel. Guck hinter den bunten Vorhang der Erscheinungen. Such Dir Deine Mittel, um Deine innere Stimme kennen- und immer besser verstehen zu lernen: Meditation, Träume, Tarot, Therapie, Tagebuch, Musik, Tanz, Alleinsein oder anderes. Die innere Stimme ist eine verläßliche Orientierung und wirkt wie ein persönliches Kursbuch.

Vielleicht ist eine Zeit der Betrachtung und des Studiums angesagt. Setz Dich mit den Gegensätzen des Lebens auseinander. Lerne, auch Dir fremde menschliche Eigenschaften zu verstehen. Der Mond mit seinem ständigen Wandel weist Dich darauf hin, daß hell und dunkel begrenzte Phasen ein und derselben Sache sind.

Die Beschäftigung mit Sinn und Bedeutung kann allerdings auch zu einem Vorhang oder Schleier werden, der Dich vom Leben trennt. Es ist oft der Versuch, sich von Gut und Böse rein zu halten, sich den Gegensätzen des Lebens nicht zu unterwerfen. Aber geh durch Tag und Nacht, Schwarz und Weiß, und Du wirst leben *und* wissen.

Matriarchin · Lust am Leben

Venus *steht für ein pulsierendes Leben voll Liebe, Sinnlichkeit und Erfüllung.*

Die „weibliche“ Kraft in Dir: erdverbunden, lustvoll, erotisch, fruchtbar, sicher, bestimmt und genießerisch. Deine Heimat ist die Natur, das Leben mit seinen Zyklen von Geburt, Wachsen und Tod. Mit jeder Faser bist Du ein Teil davon. Es kommt darauf an, daß Du Dich auch bewußt so begreifst. Du findest dann zu Deiner Mitte, bist sicher und verwurzelt und kannst genießen und wachsen lassen.

Du kannst Dir jede künstliche Profilierung und überzogene Selbstbehauptung sparen. Komm zur Ruhe, spüre Deinen Atem und Deine Wärme. Hast Du heute schon gelebt? Laß Dich nicht von äußeren Pflichten und Zielen bestimmen. Erledige sie, aber achte auf Deine Verantwortung Dir selbst gegenüber und auf Dein Wohlergehen. Oft sind es Kleinigkeiten, die die tägliche Routine abwechslungsreich und schön gestalten können. Du mußt Deine schöpferische Kraft einsetzen. Tatsächlich ist das alles andere als eine Kleinigkeit. Es ist eine Frage des Lebensgenusses und der alltäglichen Erotik. Es geht darum, daß Du Dir nahe bist, Dir nichts vormachst und das Leben mit Liebe und Leidenschaft annimmst, erlebst und weitergibst.

Die Herrscherin erinnert an die Matriarchinnen des frühen Altertums, die in einer mutterrechtlichen Gesellschaft mit starkem Gemeinschaftscharakter lebten. Sie ist ein Symbol für ein Leben, das unnatürliche Beschränkungen aufhebt und das von Gleichberechtigung, Wachstum, Komplexität, Innigkeit und Ganzheit geprägt ist. Insofern kann die Karte auch eine Aufforderung an Dich sein, Deine Bescheidenheit zu beenden.

Andererseits kann die Karte auch für Überheblichkeit und unkritische Selbstzufriedenheit stehen. Erdverbundenheit und Bodenständigkeit können auch zu Trägheit und Beschränktheit führen, wenn Du Deine sinnlichen und spirituellen Kräfte verkümmern läßt.

Power · Deine persönliche Macht

Widder *ist mit sich identisch, dynamisch und tatkräftig.* Mars *gibt reichlich Energie.*

Die „männliche" Kraft in Dir: energisch, willensstark, selbstsicher, feurig, kraftvoll und gewinnend. Macht kommt von *machen* – sie ist Dein Vermögen, etwas tat-sächlich zu bewirken. Sie ist eine Frage Deiner Bereitschaft, Dich zu engagieren und über Grenzen hinwegzugehen. Sag: Ich will! Trau Dich und handle! Wenn Du Deine Energie und Deinen Willen konzentrierst, kannst Du Berge versetzen. Du bist am unwiderstehlichsten, wenn Du aus Dir heraus handelst und weder halbe Sachen noch irgendetwas Aufgesetztes machst. Setz Deine persönliche Macht ein. „In jedem von uns steckt ein König. Sprich zu ihm, und er wird hervorkommen." (Skandin. Sprichwort).

Natürlich begegnest Du Hindernissen und Widerständen. Auch wenn es manchmal am einfachsten erscheint: hüte Dich, sie zu übergehen oder niederzumachen. Nimm sie als Herausforderung zur Auseinandersetzung. Du hast eigentlich keine Feinde, sondern da sind Leute, die Dir durch ihre Eigenart Deine empfindlichen Stellen deutlich zeigen. Wenn Du den Mut findest, solchen Schwächen und damit verbundenen Schmerzen und Ängsten nicht auszuweichen, dann hilft Dir auch das bei der Verwirklichung deiner Ziele. Du wirst jedesmal auf Dich zurückverwiesen und erneut an den Punkt geführt, wo Du Deine Entschlossenheit bekräftigen mußt. Auf die Art wird Dein Wille effektiv in Dir verankert, und das gibt Dir „Power auf Dauer".

Andererseits kann die Karte für Isolierung und versteinerte Verhältnisse stehen. Selbstherrlichkeit und Rücksichtslosigkeit führen Dich ins Abseits. Du mußt lernen, demütig zu sein und zu akzeptieren, daß die Realität nicht nur nach Deinem Willen verläuft. Mit Blindwütigkeit und übertriebener Härte verletzt Du nicht nur andere. Du erschöpfst Dich, und Du raubst Dir die Möglichkeit zur Auseinandersetzung und damit die wichtigste Quelle Deiner persönlichen Macht.

Tempel · Lernen & Lehren

Stier *arbeitet, lernt und lehrt in der Praxis.* Venus *macht daraus einen Genuß.*

Du hast etwas zu sagen, mitzuteilen. Du trägst einen einmaligen Schatz von Erlebnissen und Erkenntnissen in Dir, von dem andere profitieren können. Du kannst zwar niemanden bekehren oder überzeugen, daß sie/er sich ändern soll. Jede/r entscheidet letztlich aufgrund eigener Erfahrung. Sei (dennoch) großzügig und zeig Deine Schätze. Mit allem, was Du tust oder läßt, bist Du immer auch Orientierung und Bezugspunkt für andere. Jeder ist Lehrer für jeden.

Was einst die Aufgabe des Hohen Priesters (Hierophant) war, die Deutung und Verkündung der Lebensgeheimnisse sowie die Organisierung von Riten und Gebräuchen, dafür bist Du in Deinem Leben verantwortlich. Du brauchst die Erfahrung anderer, und andere brauchen Deine Mitteilung. Der Tempel der Begegnung ist überall. Überall findet gegenseitiges Lernen und Lehren statt. Es ist wichtig, daß Du Dich mit Vorbildern und Autoritäten auseinandersetzt, daß Du bereit bist zu lernen, ohne Dich dabei menschlich klein zu fühlen. Ebenso wichtig ist es, daß Du Deine Grundsätze entwickelst, Deine Auffassung von Gut und Richtig präsentierst und Dich konkret dafür einsetzt, ohne Dich dabei über andere zu stellen. Damit schaffst Du eine Situation von Austausch und Klarheit, in der persönliche Sicherheit, Zuverlässigkeit und Orientierungen wachsen können. Das gelingt umso mehr, wenn dieser Austausch sich nicht nur auf sachliche, sondern auf alle Bereiche der Persönlichkeit erstreckt.

Die Karte kann andererseits für eine blinde Gläubigkeit stehen, ebenso für Missionseifer und Bekennertum. Wenn Du andere bekehren willst, um den eigenen Glauben zu stärken, ist auch das ein Zeichen für mangelndes Selbstvertrauen. So oder so – wenn Du nicht wagst, Dir zu glauben, dann häufig deshalb, weil Du einen Teil von Dir als unbedeutend oder unreif verleugnest. Es hilft, wenn Du Deinen „kindischen" Bedürfnissen einen Platz in Deinem Alltag schaffst.

Liebesbeziehungen
Kraft der Erkenntnis

Zwilling *erkennt sich in seiner Umwelt.* Merkur *sorgt für Kommunikation und Austausch.*

Eine gute Karte für glückliche Lieben, erotische Freundschaften und erfüllende Begegnungen. Das gilt für Beziehungen zum anderen wie zum eigenen Geschlecht, auch für Beziehungen zu Kindern, alten Menschen und zu Gemeinschaften von mehreren. Du kannst mit anderen zusammen(er)leben, zum gegenseitigen Nutzen, ohne zu erdrücken oder erdrückt zu werden – wenn Du Beziehungen nicht als Ersatz oder Komplettierung Deiner Persönlichkeit suchst, d.h. wenn Du Dich selbst grundsätzlich als in Ordnung und vollständig ansiehst. Nicht erst durch die/den Partner/in bist Du stark und erreichst die Gipfel, wo Du „mit Engeln reden" kannst. Wenn Du die Erfüllung Deiner Wünsche und Leidenschaften von anderen erwartest, machst Du Dich abhängig und hinderst Dich zugleich, Dich auf tiefere, gleichberechtigte Beziehungen und Begegnungen einzulassen. Diese brauchst Du aber als Spiegel, um Dich rundherum erkennen und annehmen zu können.

„Ein wunderbares Zusammenleben kann entstehen, wenn die Menschen es erreichen, den Abstand zwischen einander zu lieben, denn nur so können sie einander ganz betrachten und vor dem Hintergrund eines weiten Himmels." (Rainer Maria Rilke). Wenn Du durch Selbstaufopferung einen Berg von Schwierigkeiten, der zwischen Dir und der/m/n anderen liegt, überwinden willst, vergrößerst Du in Wirklichkeit die Distanz. Du behinderst Dich, den vorhandenen Abstand zu nehmen, wie er ist, und die gegebenen Möglichkeiten oder fälligen Entscheidungen produktiv anzugehen. Andererseits besteht die Gefahr, daß Du chronisch eine bestimmte Distanz wahrst, vielleicht um Dich vor Abhängigkeiten zu schützen. Durch übermäßige Selbstkontrolle hältst Du jedoch das eigentlich Erregende und Aufregende an Dir hinter'm Berg.

Beweglichkeit · Gefühl & Härte

Krebs *lebt mit dem Unbewußten.* Mond *folgt den inneren Empfindungen und Eingebungen.*

Die Sphinxe bezeichnen die Polaritäten des Lebens, Werden und Vergehen, Freude und Trauer usw. Mit dem Wagen bist Du auf die Sphinxe angewiesen, und Du kannst nicht einfach aussteigen. Daß Du ein eigen-williges Subjekt bist, ist nur die eine Seite Deiner Existenz. Die andere Seite ist eben Dein Gefährt. Du bist in eine bestimmte Lebensgeschichte gestellt, der Du Dich nicht entziehen kannst. Es ist das, was Du aus früheren Erfahrungen mitbringst. Mehr noch: die Sphinxe, aber auch die Sterne und die Halbmonde auf den Schultern verweisen auf die Gesetze des Kosmos, auf die wechselnden Phasen und den Kreislauf des Lebens. All das bildet sozusagen den Unterbau Deiner bewußten Persönlichkeit. Damit umzugehen, ist eine empfindliche Sache. Finden beide Seiten zu einem Dialog und Einvernehmen, ist es eine angenehme und glückliche Reise.

Es gibt keine Kandare, an die Du die Sphinxe nehmen kannst. Du bist darauf angewiesen, ihren Bewegungen zu folgen, die Balance zu halten, ihre unterschiedlichen Richtungen zu ertragen. Andererseits ist es eine Sache Deiner Erfahrung und Deiner Energie, die Sphinxe zu ermuntern, zu beschwichtigen, sie anzuspornen und ihnen eine gemeinsame Richtung vorzuschlagen. Indem Du das lernst, erlangst Du ein inneres Gleichgewicht, das auf dem ständigen Ausgleich der Spannungen zwischen den verschiedenen Polen beruht.

Die Karte kann auch innere Zerrissenheit und Stillstand anzeigen. Du willst Deinen Lebensweg durch Willensanstrengung oder Härte dirigieren, willst Widersprüche in Dir nicht wahrhaben. Es kann auch ein Gefühl des Ausgeliefertseins an Deine tieferen Empfindungen sein, das Dich hilflos und passiv macht. Du kannst zwar aus Deiner seelischen Herkunft nicht aussteigen, aber Du kannst mit Bejahung und Kritik ein eigenes Verhältnis dazu finden. Es ist Deine Reise.

Lebendigkeit

Löwe *aalt sich lustvoll und majestätisch in der Sonne.* Sonne *läßt die Herzen glühen.*

Leb mit dem Löwen in Dir! Du brauchst dieses aufregende Kribbeln und Im-Mittelpunkt-stehen. Wenn Du mit Deinem Löwen auf Du und Du bist, traust Du Dir im Leben viel zu. Du gehst mit Energie an Probleme heran und schaffst Dir, was Du brauchst. Den Löwen in Dir zu bändigen und zu fordern, heißt, zu zeigen, was Du kannst, und mit Deiner Lebensenergie nicht auf Sparflamme zu kochen. Wenn Du Dich dem Spiel der Kräfte hingeben und sagen kannst: „Ja, das ist mein Spiel", verkörperst Du die kraftvolle Freude, die jemand hat, der sein Metier kennt und genießt.

Nimm Konflikte als Herausforderungen, mit denen Du spielerisch-kämpferisch umgehst. Sie sind immer auch Reibungen und Berührungen, in denen alles Mögliche – Nähe, Wärme, Puls, Lebensfreude, Feuerwerke. . . steckt. Und gerade das ist die Nahrung, die Dein Löwe braucht. „Manchmal/ stolpert mein Herz/ Schweiß tritt mir/ auf die Stirn./ Dann/ behaupte ich/ mein Kreislauf/ macht nicht mehr mit./ Wenn ich jedoch/ meinen/ Kreislauf/ unterbreche/ hüpft mein Herz/ als sei es/ gesund." (Harald Utecht).

Andererseits kann die Karte auch für ein zwanghaftes Kämpfertum und Selbstüberschätzung stehen. Die Welt ist nicht Deine Schöpfung, und es gibt Grenzen, die Du nicht durch noch mehr Kraft und Anstrengung überwinden kannst. Du wirst auch geliebt, wenn Du nichts Besonderes tust. Die Karte kann ferner Egozentrik und Verstrickung in einen Kampf mit Dir selbst anzeigen. Vielleicht fürchtest Du, wenn Du Deinen Bedürfnissen nachgibst, von Deinen ungestillten Wünschen förmlich aufgefressen zu werden. Indem Du versuchst, sie im Zaum zu halten, werden diese Wünsche nur noch mächtiger. Gib Deinen Gefühlen mehr Raum. Zieh Dich im entscheidenden Moment nicht zurück, sondern greif zu.

Wachsein · Suchen & Finden

Jungfrau *findet Einklang mit ihrer Umgebung.* Merkur *erfährt und weiß.*

Die Karte steht für die notwendigen Phasen des bewußten Alleinseins, des zweckfreien Umherschweifens, der Versenkung in eine praktische Arbeit, des Fastens, der Meditation usw. Zurückgezogenheit, Stille und Besinnung sind nicht nur etwas für schlechte Zeiten, wenn es gar nicht anders geht. Sie sind Mittel der Konzentration, der Selbsterfahrung und Beruhigung, die Du für Deine Entwicklung brauchst. Sie geben Dir Gelegenheit, Dir über Dich und Deine Umwelt klar zu werden und zu einem Ausgleich zu finden. Sie bewahren Dich davor, im Netz zahlreicher Rollen und Anforderungen hängenzubleiben. Sie können Dir Kraft, Gelassenheit sowie eine liebevolle Zuwendung zu anderen schenken.

Die Karte handelt auch von der bewußten Suche nach spiritueller Erfahrung, nach Aufgehobensein und Heimat. Oft bringen erst Lebenskrisen etwas von dieser tieferen Suche zum Vorschein. Die Karte kann Dich fragen, wie Du es mit Einkehr und Besinnung hältst, was das Thema der Suche für Dich bedeutet.

Ferner: Suchen und Finden ist nicht unbedingt dasselbe. Achte darauf, daß Du ankommst. Vergiß das Finden nicht. Fang bei Dir an. In vielen Fällen gilt das Wort von Franz v. Assisi: „Was Du suchst, ist das, was sucht." D.h. Du suchst Dein Selbst. Nimm Dir freien Raum und freie Zeit. Konzentriere Dich auf Dich und spüre Deine Energie, Deine Bewegungen, Deinen Atem, Deine Gedanken. Achte (auf) Dich. Prüfe Deine Impulse und Absichten kritisch – und trau ihnen. Sie sind das Licht, das Dir den Weg zeigt.

Andererseits kann auch gelten: Treib nicht nur Nabelschau. Komm raus aus Deinem Schneckenhaus. Oder übertreib Deine Autonomie nicht. Du brauchst auch die Auseinandersetzung mit anderen, und die brauchen auch Dich. Laß Dein Licht in die Welt ausstrahlen.

Kreis des Lebens
Rätsel der Sphinx

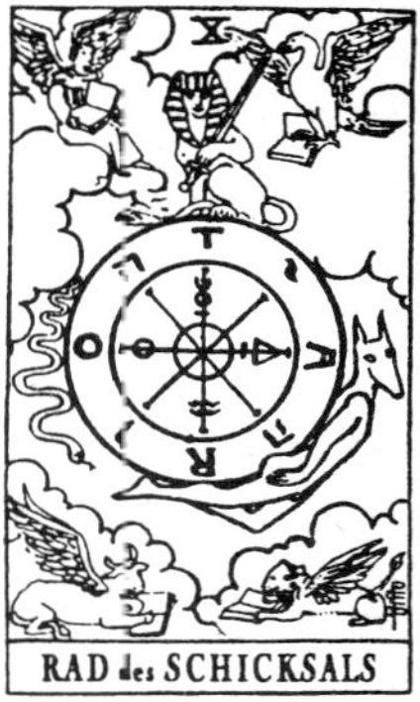

Jupiter *steht für Glück durch Wissen, Erweiterung des Bewußtseins und Rückbindung an den Ursprung.*

Die vier Wesen in den Kartenecken stellen u.a. die vier Elemente und die Himmelsrichtungen dar. Sie stehen für die sich überkreuzenden Polaritäten des Lebens. Die Schlange bezeichnet das „negative", zerstörende Prinzip, der Mensch mit dem Schakalskopf das „positive", aufbauende. Die Gegensätze fließen in der Sphinx zusammen, die das Geheimnis der Einheit des Lebens symbolisiert. Der Zusammenhang von Gegensatz und Einheit, von Mittelpunkt und Ausdehnung sowie von Ordnung und Wandel zeigt sich ferner im Symbol des Rads und in den Bedeutungen der verschiedenen Zeichen (vgl. Anmerkung).

Deine Erfahrungen fließen zu Deinem eigenen Weltbild zusammen. Du machst Dir Deinen Reim auf die Rätsel des Lebens. Mit Deiner erfahrenen Weisheit lebst und schöpfst Du Deine persönliche Welt. Du bewahrst Dir die Fähigkeit, die Welt weiter zu entdecken, Dich zu wundern und zu staunen. Auch wenn sich alles dreht und Deine bisherigen Erfahrungen sich umkehren: Du findest den Überblick, das Ganze wieder. Du kennst Deine Geschichte und Deinen Zusammenhang, wie die Sphinx auf dem Rad. „Ich lebe auf dem Kamm einer Welle. Verletzlich mit all meinen Unsicherheiten – wie hältst Du Dich an einem Fluß fest. Unverwüstlich und stark mit meinem Gefühl, daß ich nur in dieser Richtung weiter kann." (Anja Meulenbelt).

Andererseits kann die Karte zeigen, daß Du Dich in Deiner Suche nach dem großen Zusammenhang der Erscheinungen selbst aus dem Blick verloren hast – oder daß Du die Urteile anderer übernimmst und Dich selbst zurückstellst. „He, Du im Nirgendwo, die Welt steht Dir zu Diensten." (Beatles, Nowhere Man). – Auch: Glaube nicht, daß Du alles weißt oder wissen kannst. Die Wahrheiten von heute sind die Irrtümer von morgen. Bleib bescheiden.

Urteilskraft · Entschiedenheit

Waage *kommt zu abgewogenen Urteilen.* Venus *hat ein feines Gefühl für Personen und Situationën.*

Es gibt kein absolutes Richtig und Falsch, wohl aber das, was Deine Sache ist. Du kannst und mußt selbständig analysieren und abwägen. Du brauchst eigene Bewertungsmaßstäbe, die in sich ausgeglichen sind und deren Angelpunkt in Dir liegt. Du weißt nicht nur am besten, was für Dich stimmt, Du kannst und mußt es auch ausdrücken, bewußt-machen und vertreten. In der Vielfalt der möglichen Erkenntnisse und Entscheidungen bist Du Deine höchste Instanz. Triff Deine Urteile und behaupte Deine Sache klar und konsequent.

Dabei ist es wichtig, daß Du Dir Deiner Wertmaßstäbe bewußt bist. Deine Entscheidungen und Normen gelten nur für Dich. Jede/r hat auf ihre/seine Weise Recht. Und selbst in Positionen, die nach Deinen Kriterien falsch sind, stecken – oft verborgen und unerwartet – auch „richtige" Gesichtspunkte. Es erfordert ein ganzes Stück Flexibilität und Bereitschaft zur Selbstkritik, solche Gegenpositionen anzunehmen, sie auszuloten und Dich nicht erst dann überzeugen zu lassen, wenn es gar nicht anders geht. Du gewinnst dadurch an Einfühlungsvermögen und an Bewußtsein für die Vielschichtigkeit der Dinge. Das bereichert Deine Erkenntnis- und Entscheidungsgrundlage sehr und macht im Ergebnis Deine Sache klarer und stärker.

Andererseits kann die Karte für Unentschiedenheit und mangelnde Identität stehen. Du willst allen gerecht werden und verlierst dabei Deine Ziele, Deine Kontur, Deinen Biß. Du mußt lernen, die produktive Bedeutung von Kritik und auch von trennenden Entscheidungen zu sehen. Vertritt Deine Position auch gegen andere. Gib Deine Mühe auf, niemals Anlaß zur Kritik zu sein. Weiterhin kann die Karte vor übertriebener Strenge und Selbstgerechtigkeit warnen. Indem Du andere kategorisch aburteilst, begrenzt Du Dich auch selber.

Umkehrung · Heilung

Neptun *steht für stark gesteigerte Wahrnehmung und Empfindung.*

Du siehst die Welt mit neuen Augen. Auch das Gegenteil Deiner bisherigen oder der üblichen Sicht ist wahr. Du erfährst eine neue Dimension, die auf den ersten Blick ver-rückt erscheint. Es ist ein Prozeß des Ganz- oder Heilwerdens. Du spürst Dich auf neue Art. Es ist eine intensivere, gesteigerte Bewußtheit, und Du blickst in eine alternative, umfassendere Wirklichkeit.

Eine solche Umwertung der Werte kann sich (scheinbar) ungewollt ereignen. Sie kann das plötzliche Resultat eines langen Prozesses sein. Darin kann auch die positive Funktion eines Schmerzes oder einer Krankheit liegen. Laß es geschehen. Wehr Dich nicht. Es ist „verkehrt", aber es hat seine Bedeutung. Es kann aber auch angesagt sein, daß Du willentlich, wie Eulenspiegel, Gewohntes in sein Gegenteil umkehrst, um eine erhöhte Aufmerksamkeit, den Blick ins Absurde oder eine neue Klarheit freizulegen. Im übrigen befindet sich der Kopf hier an unterster Stelle, der Bauch darüber. Das kann ein Hinweis darauf sein, daß es gut ist, wenn der Kopf ein Diener des ganzen Menschen ist und wenn der Bauch einmal das Sagen hat. Das kann eine andere Art von Weisheit sein, die Du nur erlangst, wenn Du Dich auslieferst.

Andererseits kann die Karte auch für die Verklärung von Leid stehen. Auch für unangemessene Verzweiflung an oder Wichtigtuerei mit dem eigenen Leid. Spiel nicht den Märtyrer.

Zerstörung · Reinigung

Skorpion *sticht, prüft und duldet nur, was echt ist.* Pluto *steht für die Erfahrung der Extreme.*

Du zerstörst, was überlebt ist, und reinigst Dich von Altem, Überholtem. Du spürst Deinen Stachel und erfährst, daß Du den extremen Höhen und Tiefen nicht ausweichen kannst und vielleicht auch nicht willst. Wenn Du durch den Prozeß von Zerstörung und Reinigung hindurchgehst, schaffst Du Platz für neue Möglichkeiten, für einen neuen Sonnenaufgang.

Du kannst tot sein, lange bevor Du stirbst. Und Du kannst leben, lange nachdem Du gestorben bist. So oder so bedeutet der Tod nicht Nichts. Er bedeutet die Zerstörung von Unechtem, die Aufhebung von Überaltertem. Er ist Teil aller Wandlungsprozesse, Voraussetzung von Echtheit und Gründlichkeit. „Und solang du das nicht hast,/ Dieses: Stirb und werde!/ Bist du nur ein trüber Gast/ Auf der dunklen Erde." (J.W.v. Goethe). Du erfährst eine Reinigung und Klärung Deiner Wünsche und Ängste. Du gewinnst eine neue Bereitschaft und eine abgeklärte Offenheit.

Die Karte kann auch bedeuten, daß Du Dich von Gewalt und Zerstörung übermäßig fasziniert oder bedroht fühlst. Auf der einen Seite ist es wichtig, daß Du Dich selbst behauptest und Deine aggressiven Impulse auslebst. Sie werden erst dann gefährlich, wenn Du sie ganz zu leugnen versuchst. Hör auf, Dich selbst zu quälen. Andererseits schadest Du mit brutaler Härte anderen – und auch Dir selbst. Du mußt lernen, Deine Kraft und Gewalt nicht gegen andere, sondern *für Dich* einzusetzen, damit Du einen Platz findest, wo für Dich die Sonne scheint.

Umwandlung · Erneuerung

Schütze *entfaltet sich in einem ständigen Wachstumsprozeß.* Jupiter *steht für Gutherzigkeit und Bewußtseinserweiterung.*

Da stehst Du – sozusagen am Mischpult Deiner persönlichen Welt. Es geht hier um Mäßigkeit, nicht als Sparsamkeit oder Mittelmäßigkeit, sondern um das Maß der Dinge. Wenn Du die verschiedenen Seiten der Dinge kennst, kannst Du mit ihnen umgehen. Deine Verarbeitung von Erlebnissen und Eindrücken offenbart sich in einer Neugestaltung Deines Alltags. Das Fließende wie das Feste sind Dir vertraut. Du hast einen sicheren Stand gefunden. Du mischst Altes und Neues, Gewohntes und Fremdes zu Deinem Stil, schaffst neue Formen und Qualitäten. Du hast Lust an Spiel, Schöpfung und Wachstum und entwickelst Deinen Entdeckungs- und Tatendrang nach eigener Zweckmäßigkeit.

Wenn Du gründlich abwägst und die Natur der Dinge studierst, erkennst Du ihren inneren Zusammenhang, ihre Verhältnis-mäßigkeit. Du erfährst, was für Dich funktioniert und was nicht. Dir steht ein weiter Weg offen. Solange Du bereit bist, immer wieder neu zu mischen und auszuprobieren, bist Du flexibel und kannst Dich so einrichten, wie es für Dich paßt. Du erlebst dabei manche Verunsicherung, aber auch die Freude, daß Du sagen kannst: „Hier bin ich, und das ist mein Weg."

Andererseits steht die Karte für Rastlosigkeit, ewige Suche oder ständiges Hantieren, die aus der mangelnden Verarbeitung Deiner Erfahrungen entspringen. Hinter stets neuen Zielen verbirgt sich Deine tiefere Ziellosigkeit. Die Suche nach immer neuen Leistungen oder Errungenschaften hält Dich davon ab, Dich inklusive Deiner Unvollkommenheit anzunehmen und erwachsen zu werden. Auch: Verlier Dich nicht in Einzelheiten. Schaff Dir Überblick. Stell Deine Entschlüsse in den Zusammenhang Deiner größeren Absichten.

Gebundenheit

Steinbock *kennt die ungeschminkte Wirklichkeit.* Saturn *steht für die Konzentration und die Beschränkung auf das Wesentliche.*

Du erkennst Dich in Deiner materiellen Gebundenheit. Du lebst „nur" hier und jetzt. In der alten Vorstellung regierte der Teufel über die schlechten und endlichen Teile des Menschen, die in der Tatsache des *irdischen* Daseins gefunden wurden. Dafür standen die Vorstellungen von der Gefangenschaft der Seele im Körper, von der Fesselung des Geistes durch die Leidenschaft usw. Tatsächlich aber bist Du mit *allem*, was Du bist, ein Teil und eine Form der Materie, ein Kind der Natur. Die Entfremdung von der Erde läßt die Welt und die Gebundenheit daran dämonisch erscheinen. Den Teufel in Dir annehmen heißt, Deine Natur als „Erdenmensch" zu bejahen. Es bedeutet, Dich nicht über die konkreten Gegebenheiten hinwegzupfuschen, sondern die Natur der Dinge zu respektieren. Alles entsteht und vergeht, auch Du. Alles – auch Du – hat seine Zeit, sein Maß, seine Grenzen. „Der Teufel steckt im Detail."

Kein Jenseits oder Später belohnt Dir Verzicht auf oder Raubbau an Dir und Deiner Natur. Hör auf, „irdische Begierden" und die Gestaltung der materiellen Verhältnisse zu verteufeln. Nimm die Welt mit Kreativität und Leidenschaft in Besitz. Deine Existenz ist untrennbar mit der anderer verknüpft. Du hast die Erde von Deinen Eltern geerbt und von Deinen Kindern nur geliehen. Setz sie nicht auf's Spiel. Du als Einzelwesen bist endlich. Die Materie insgesamt, der Kosmos aber ist unendlich. Wie Du Deine Welt gestaltest, das schafft Fakten, die so oder so haften bleiben. Die Spuren Deines Lebens graben sich in die Materie ein und wirken fort. Nichts ist folgenlos, und nichts geht verloren. – Die Karte kann auch bedeuten, daß Du versuchst, andere an Dich zu binden, indem Du Dich unzugänglich, fremd und auf problematische Weise interessant machst. Komm von Deinem Sockel. Gib anderen den Schlüssel zu Dir. Du bist auch dann interessant.

Erschütterung · Befreiung

Mars *setzt große Energie frei.*

Du erlebst Erschütterungen und große Veränderungen. Harte Zeiten. „Der Ausverkauf von Göttern steht an, wenn Du Dich für Dich entschieden hast." (Ina Deter). Der Prozeß kann sehr schmerzhaft sein, aber da mußt Du jetzt durch. Du hattest Isolierung oder Versteinerung auf eine einsame Spitze getrieben. Der Fall ist tief. „Sieben Höllen/ durchwandern/ Der Himmel sieht/ es gern/ Geh sagt er/ du hast nichts/ zu verlieren." (Rose Ausländer).

Mach Dich bereit, Dich auf unbequeme Widersprüche einzulassen. Versuche, es als ein Experiment zu nehmen, dem Du mit Vertrauen, Zuversicht und der Bereitschaft, zu überraschen und überrascht zu werden, folgst. Mach die Augen auf. So entsetzlich die Situation jetzt vielleicht ist, Dein Aufenthalt auf dem Turm vorher war auch keine befriedigende Lösung. In der Erschütterung liegt die Chance der Befreiung von überlebten Verhältnissen, von altem Ballast, die Chance zu einem neuen Anfang. Große Energie wird freigesetzt, wenn Du zu dem vorstößt, was Du eigentlich willst. Das Erschreckende kann gerade sein, daß Du mit Deiner *ganzen* Energie in Berührung kommst: Du siehst, was in Dir steckt, und daß Du keinerlei künstlichen Sockel benötigst. Laß Dich fallen. Flieg! – Die zweite fallende Person deutet auf Trennung und Abschied hin. Oder sie bedeutet, daß Du nicht allein fällst, sondern Begleitung findest.

Andererseits kann die Karte auch Überheblichkeit und Größenwahn anzeigen. Deine Vorstellung, durch Deinen Willen alles in den Griff zu bekommen, führt zu schweren Erschütterungen. Dein Versuch, durch einen äußeren Rahmen oder besondere Vorkehrungen Sicherheit zu schaffen, verkehrt sich ins Gegenteil. Oder es kann auch darum gehen, daß Du Dich bei Veränderungen zu sehr erschüttern läßt. Aus mangelndem inneren Rückhalt gibst Du eine vorhandene Position Hals über Kopf auf.

Klarheit · Glanz

Wassermann *findet sich in den großen Zusammenhängen.* Uranus *ist frei, unkonventionell und scharfsichtig.*

„Jedes Leben steht unter seinem eigenen Stern." (Hermann Hesse). Wenn Du dem Deinen folgst, findest Du Dich am richtigen Platz, und Du hörst auf zu suchen. Wenn Du Deine Träume wirklich anpackst, dann kann das, was vorher Dein Mangel war, Deine Sehnsucht oder bloß ein Schimmern in der Nacht, den Tag bestimmen und Dein Leben hell und strahlend machen. Deinem Stern folgen, das heißt: klar sein und Deinen Traum verwirklichen wollen. Du darfst Dich nicht mit Redensarten wie „Greif nicht nach den Sternen" abspeisen lassen. Du mußt scharfsichtig sein, damit Du die Geschehnisse im Zusammenhang beurteilen und Deine Bahn erkennen kannst. Und Du brauchst den Mut zur Unkonventionalität, um die gewohnten Bahnen zu verlassen, wenn Deine Sehnsucht Dich zu neuen Ufern führen will.

Dann kommst Du an diesen Punkt, wo Du Dich auf einmal unverdeckt in einem Spiegel siehst – und alles glänzt und funkelt. Du findest die wirklichen Schätze Deines Lebens in Dir. Die bisherigen Gegensätze, Widersprüche und Verrücktheiten Deines Lebens zeigen sich in einer neuen Dimension als klar, logisch, befreiend und glänzend. Du schöpfst aus dem Vollen und befruchtest Deine Umgebung.

Die Karte kann auf der anderen Seite davor warnen, daß Du in entrückter Verträumtheit nicht „an Land" kommst. Wer vom Glück immer nur träumt, muß sehen, daß er es nicht verpaßt. Die Karte kann ferner Selbstbezogenheit bis hin zu übersteigerter Selbstliebe bedeuten. Du willst „der Star" sein und siehst vor lauter eigenem Funkeln die anderen um Dich herum nicht mehr. Stell Dein Licht nicht unter den Scheffel, aber vergiß auch nicht, daß Du nur Teil einer viel größeren Milchstraße bist.

Dein Weg · Aufgehobensein

Fische *leben im Reich der Intuition und des Spirituellen.* Neptun *steht für stark gesteigerte Wahrnehmung und Empfindung.*

Der Mond regiert die Nacht, und diese steht für eine andere als die all-tägliche Realität. Nicht mehr Du als Person im Tagesgeschäft bist hier angesprochen, sondern es geht um ein Besinnen auf Deinen Weg im Kosmos. Du bist herausgestiegen aus den Wassern des Unbewußten und gehst den „Weg der Wünsche, und der ist nie leicht“ (Michael Ende). Wolf und Hund spiegeln – in wilder und gezähmter Form – die animalisch-triebhafte Seite Deiner Natur. Der Weg, der vor Dir liegt, ist lang, gewunden und ungewiß, aber er führt nach oben, in die Klarheit der Berge. Unterwegs gilt es, Grenzen zu passieren, wo die Wächter der Zivilisation und der Vernunft aus schmalen Fenstern mißtrauisch auf Dich herabsehen und die Freiheit in Frage stellen, die Du Dir nimmst, wenn Du Deiner inneren Stimme folgst.

Es geht darum, daß Du auf Deinem Weg in die Welt eng in Kontakt mit Deinen unbewußten Ursprüngen bleibst; daß Du im Einklang mit Ebbe und Flut, mit dem Abnehmen und Zunehmen Deiner Möglichkeiten lebst und Dich auch von den Nachtseiten Deiner Existenz nicht vom Weitergehen abbringen läßt. Wenn Du Deiner Intuition vertraust, kannst Du Dein Aufgehobensein im Ganzen erfahren. Du kannst die Universalität Deiner Möglichkeiten erleben und Dich in einem Zustand wiederfinden, wo Du „zu allem bereit und zu nichts verpflichtet“ bist.

Die Karte kann andererseits für Realitätsferne und Selbstverlorenheit stehen. Sobald Du Dich entschließen und engagieren müßtest, tauchst Du weg. Du kannst aber Anforderungen an Dich nicht ständig aus dem Weg gehen. Und Du betrügst Dich selbst, wenn Du Dich nur verständnisvoll und sanft verhältst. Fang an, bewußt auch Deine Forderungen zu stellen und ihnen einen Weg zu bahnen.

Hingabe

Sonne *steht für intensive Energie, Wärme und Lebenskraft.*

Du bist weise und kindlich zugleich, in dem Stadium, wo Du weißt, daß Du nichts weißt und nichts beweisen kannst. Das Gewollte beinhaltet genausoviele Möglichkeiten wie das Ungewollte, das Unvorhergesehene wie das Erwartete. „Die Hauptsach' ist,/ das Herz ist gut,/ und darauf kommt/ es an." (Kölsches Karnevalslied, hochdeutsch). Du bist wieder Kind. Was Dir geblieben ist oder was Du gewonnen hast, ist eine offene Hingabe an die Welt. Sie gibt Dir unbändige Kraft zusammen mit einer spielerischen Freude am Dasein. Du lebst im Moment, lustvoll und sicher wie Hans im Glück, selber ein Glück für Deine Umgebung. Du hast ein großes Herz und einen vertrauensvollen Optimismus. Sie sind nicht „eitel Sonnenschein", sondern Verarbeitung Deiner Erfahrung. Sie sind Ergebnis einer gewollten und bewußten Hingabe an das Leben, in Demut und Leidenschaft, im Wissen um Deinen Platz und Deinen Weg. „Der Weg nach Hause ist der Weg vorwärts, der tiefer ins Leben hineinführt." (Colin Wilson).

Auf der anderen Seite kann sich hier zeigen, daß Du Dich klein und harmlos machst. Du hast Dir die Begeisterung und den Optimismus Deiner Kindheit bewahrt. Aber Dein sonniges Gemüt kann auch zur Pose werden. Du hältst Dir damit notwendige Auseinandersetzungen und Widersprüche fern. Du vermeidest es, einen eigenen, ausgereiften Standpunkt zu vertreten und Verantwortung zu übernehmen. Oder die Karte fragt Dich, ob Du das Kind in Dir leugnest oder als klein und närrisch abstempelst. Damit blockierst Du Dich und raubst Dir Lebenslust und Lebendigkeit.

Wiedergeburt · Verzeihung

Pluto *steht für Wandlung und Erneuerung.*

Vor einem weiten Horizont betrachtet sind wir alle gleich. Jede/r ist letztlich auf sich gestellt. Jede/r hat ihre/seine eigene Blöße und ist liebesbedürftig. Jede/r ist nur ein kleiner Teil im großen Konzert des Universums und braucht die Gemeinschaft. Wenn Du es lernst, Dir selbst und anderen immer wieder zu verzeihen, dann lösen sich alte Spannungen, und neue Möglichkeiten tun sich auf. Streck die Hand aus für einen Neuanfang, einen Abschied, eine Bereinigung oder Klärung. Wenn Du einen Strich unter Vergangenes ziehen kannst, fühlst Du Dich wie neugeboren. Du kannst immer wieder zu einem neuen Leben aufstehen.

Erwarte keine Erlösung oder Versöhnung von oben. Der „jüngste Tag" ist heute. Jeder Tag ist Abschied und Neuanfang. Wenn Du jeden Tag als Geschenk nehmen kannst, schöpfst Du täglich neues Vertrauen und neue Bereitschaft für Dein Leben. Es werden Dich immer Verlangen und Ängste begleiten, aber Du kannst lernen, mit ihnen umzugehen. Der Schatten, der Druck, die Enge lösen und öffnen sich. Du wirst offen für das farbenprächtige Schauspiel des Lebens, das Dich zum Mitmachen ruft.

Die Karte kann Dich auch auffordern, Dich erneut mit Menschen und Ereignissen auseinanderzusetzen, die scheinbar für Dich schon „gestorben" waren. Was Du irgendwann in eine dunkle Kiste weggepackt hast, kommt wieder zum Vorschein und zeigt sich vielleicht in einem neuen Licht. Du mußt den Teil der Auseinandersetzung, der noch aussteht, nachholen. Damit schaffst Du die Voraussetzung für einen radikalen Neuanfang, der Dich von Ballast befreit. Andererseits kann die Karte auch bedeuten, daß Du von Deinen dunklen Stunden Abschied nehmen sollst. Begrab Dich nicht in alten Fehlern, Selbstvorwürfen oder übertriebenen Schuldgefühlen. Was war, ist vorbei. Sei Dir gnädig und gib Dir eine Chance.

Tanz des Lebens

Die Erde *steht hier für den Mittelpunkt des Geschehens.* Saturn *steht für Deine ureigene Lebensweisheit.*

Die Erde ist für Dich gemacht. Du befindest Dich mittendrin, zwischen den „Ecken und Enden" der Welt, dargestellt von ihren vier Grundelementen Feuer, Wasser, Luft und Erde. Du hast *zwei* Zauberstäbe zur Hand: Es kommt hier nicht mehr nur auf die Umwandlung oder Synthese einzelner Gegensätze an, sondern auf die Verbindung aller vier Elemente, d.h. auf die Verbindungen aller möglichen Gegensätze. Zwei Stäbe in Kreuzform übereinander bedeuten das Zusammenfließen aller Gegensätze in der gemeinsamen Mitte.

Wie Du die Welt lebst, so ist sie auch für Dich. Nutze Deine Zeit. Du brauchst Konzentration, Ausdauer und innere Festigkeit. Dein Spielraum ist in sich unbestimmt und offen. Zugleich wird er von der Materie begrenzt, die Dir auch Deine Zeit setzt und irgendwann Deinen Totenkranz bereithält. Konzentriere Dich auf das, was für Dich wesentlich ist. Füll den Rahmen, den Dir das Leben gibt, in eigenem Auftrag und in eigener Verantwortung, dann steht Dir die Welt offen. Dreh Dich und tanze und wende Dich all ihren Seiten zu. Zieh Deine Bahn und verbinde die unterschiedlichsten Erfahrungen auf Deine Weise. Fühl Deinen inneren Rhythmus. Bleib in Bewegung. Halte *Dein* Tempo Schritt für Schritt. Der Siegerkranz verspricht Dir gutes Gelingen und Lohn für Mühen und Anstrengungen. – Die Karte kann auch bedeuten, daß Du Dich zu sehr in den Mittelpunkt stellst, d.h. daß Du von Deiner Person zuviel Aufhebens machst. Was Du in Dir siehst, sind nur Spiegelungen der Welt. Jedes Individuum, Deine Geschichte ebenso wie die Schicksale vor und nach Dir, sind Glieder einer Kette von Wandlungen und Evolutionen. Sie sind *auch* vom Zufall geprägt. Tanze – wie Alexis Sorbas es konnte, der in guten Tagen tanzte und der auch, als seine Idee scheiterte, ausrief: „Hast Du schon einmal etwas so schön zusammenbrechen sehen?!" und dann... tanzte!

Ungebundenheit · Lebenskunst

Uranus *steht für Unkonventionalität und Freiheit.* Neptun *steht für Intuition und Fantasie.*

Der Narr lebt nahe an der Sonne, beschwingt, hingebungsvoll, ungebunden. Wer sagt, daß er stürzt? Er ist ein bißchen wie der jüngere, dumme Bruder im Märchen, der alles verkehrt macht und zum Schluß gewinnt und König wird. Was heißt jedoch „alles verkehrt machen"? Der Narr weiß nicht, wo er landen wird. Aber weißt Du es? Was nützen Dir in dieser Beziehung Versicherungen und Vorab-Sicherheiten? Morgen sieht alles anders aus. Nicht Leichtsinn ist es, was Du von dem Narren lernen kannst, sondern anwesend sein, im Moment leben, Deinen Einfällen vertrauen, spontan und instinktiv handeln. Ungebundenheit ist bei Licht betrachtet die realistischste aller Einstellungen. Sie heißt Freiheit von vor-sorg-licher Angst und von nachträglicher Rechtfertigung.

Im landläufigen Sinne bist Du unsicher, wenn Du wie der Narr lebst. Aber funktionieren die landläufigen Sicherheiten? Sind sie nicht die Angst vor Verlusten und vor neuen Situationen, die Du doch nicht in der Hand hast? Als Narr bist Du frei für Experimente und frei, daraus zu lernen. Du bist frei, Antworten nicht zu kennen oder Deine Position zu wechseln. Wenn Du das übertreibst, kann das zu Unverbindlichkeit und Beliebigkeit verkümmern. Es kann aber auch die Bereitschaft bedeuten, so zu sein wie Du bist und allein Dir verantwortlich zu sein, Deiner Originalität und der Welt zu vertrauen.

Andererseits kann die Karte auch vor Wahnvorstellungen und Naivität, vor Koketterie oder innerer Abwesenheit warnen. Ob übersteigerte Selbstbezogenheit oder umgekehrt Selbstvergessenheit, gemeinsam ist ihnen ein Gefühl der Verlorenheit und Fremdheit in der Welt. Schenke jemandem Deine Liebe und laß andere an Dich heran. Du mußt zu Deinen Wurzeln zurück und da eine Aufgabe finden.

Stäbe

Stäbe vertreten das Element Feuer. Sie stehen für Wille, Lebensenergie, Lebenslust und Leidenschaft, für Kreativität, Schaffenskraft und Wachstum. Die Welt der Stäbe ist die Welt der Entschlüsse und Taten, des Engagements, der Verwirklichung und der Macht. Stäbe handeln von Talenten, Unternehmungen und Auftritten, von Identität, Selbstvertrauen, Auseinandersetzung, Begeisterung und Erfolg.

Bei den Stäben geht es um Aufgaben, in die Du Deine Lebenslust und Schaffenskraft einbringst: sei es auf der Arbeit, in Freundschafts- oder Verwandschaftsbeziehungen, in Initiativen, Vereinen oder wo auch immer. Ob Du ein unerwartetes Geschenk machst oder ein Betriebs- oder Straßenfest vorbereitest, ob Du künstlerisch tätig wirst oder ein Hobby neu entdeckst: immer handelt es sich darum, Farbe in den Alltag zu bringen, um die Lust am Ausprobieren und daran, Deinen eigenen spezifischen Beitrag zu leisten. Die Stäbe sind Deine feurigen Lebensgeister. Mit ihnen hast Du quasi Dein Naturtalent zu persönlicher Einflußnahme, zu kreativer Alltagsgestaltung und dynamischer Selbstbehauptung zur Hand.

Wesentliche Stärken, die das Feuer Dir geben kann, sind Direktheit und Identität. Sie bringen allerdings die Gefahr mit sich, daß es Dir schwerfallen kann, überhaupt Widersprüche auszuhalten und Grenzen zu akzeptieren. Das kann z.B. zu ständiger Hetze und zu selbstgeschaffenem Leistungsdruck führen und kann sich bis zur rücksichtslosen Machtpolitik oder auch zu dem Versuch steigern, mit dem Kopf durch die Wand zu gehen, wo doch ein paar Meter weiter die Tür offensteht. Mit Selbstvertrauen und Gelassenheit entfaltet sich das Potential der Stäbe erst richtig. Ihre kraftvoll-feurige Identität gibt Dir dann immer wieder neue Entschlossenheit und Begeisterung, den Mut, Grenzen zu durchbrechen und Widersprüche nicht nur zu meistern, sondern in ihnen neue kreative Möglichkeiten zu entdecken.

Sternzeichen:

Widder, Löwe, Schütze

Planeten:

Mars, Sonne, Jupiter

Temperament:

Sanguiniker

Bewegung/Haltung:

Leicht

Große Karten:

IV-Der Herrscher
VIII-Kraft
X-Rad des Schicksals
XIV-Mäßigkeit
XVI-Der Turm
XIX-Die Sonne

Motto:

Talente entdecken, entfalten, verschleudern

Faszination · Leidenschaft

Widder *ist sehr temperamentvoll.* Mars *hat kraftvolle Energie.*

Du hast Feuer, das aus dem Herzen kommt, Lebenslust und Freude. Du bist eine offene, direkte und lustbetonte Person. Du bist wie ein Feuerwerk, impulsiv, ganz aus Dir heraus, sehr anziehend. Du kannst erstaunlich viel Wärme abgeben, Dich begeistert engagieren und großzügig sein. Du stehst mit Deinen Lebensenergien und Deiner Sexualität in gutem Kontakt. Du lebst und liebst wild und leidenschaftlich. Du kannst Dich gut selbst behaupten. Du besitzt eine intuitive Kreativität und Autorität. Du genießt das Spiel, das Balgen und Jagen wie eine Katze. Du bist fröhlich, sicher und erfolgreich, ein Sonnenschein für Deine Umgebung, wenn Du nicht gerade mit jemand „Katz und Maus" spielst.

Manchmal kommst Du nicht zur Ruhe. Oder Du verlierst Dich in einem Spiel. Deine Ungeduld kann nerven. Gefährlich ist die mögliche Neigung zu übertriebenem Stolz, blinder Wut, Launenhaftigkeit oder Rache.

Lebenskraft · Läuterung

Löwe *mobilisiert große Kräfte.* Sonne *gibt intensive Energie, lebensspendend und -zerstörend.*

Du bist eine Persönlichkeit, selbstbewußt und feurig wie ein Löwe. Du hast die Energie eines Vulkans: leidenschaftlich, brodelnd aus der Tiefe, manchmal überkochend und ausbrechend, zerstörend und fruchtbar. Für Deine Ziele kannst Du durchs Feuer gehen, und wie der Salamander kommst Du darin nicht um. (Die Salamander auf Deinem Thron sind rund, in sich geschlossen, was den starken Energiefluß zusätzlich unterstreicht.)

Dein Feuer speist sich aus den großen Träumen und Idealen tief in Deinem Innern. Wenn Du diesen Sehnsüchten Nahrung gibst, brennt Deine Flamme. Dein Feuer läutert Dich. Denn je mehr es lodert, desto mehr wirst Du mit Dir identisch und gewinnst Deine machtvolle, entschlossene, lebendige und ehrliche Gestalt. Oft bist Du der Motor von Veränderungen und neuen Projekten. Du kannst andere anstekken, so daß auch sie neue Lebenskräfte entdecken und Schlacken abstoßen.

Wenn Du jedoch Deinen Bedürfnissen untreu wirst oder Dich auf zu kleine, zu begrenzte Ziele versteifst, geht Dir das Feuer aus. Wille und Macht werden dann zum Selbstzweck, mit zerstörerischen und selbstzerstörerischen Konsequenzen. Dir selbst und anderen gegenüber kannst Du geringschätzig, intolerant, gefühllos und quälerisch werden.

Dein Auftritt · Coming out

Schütze *dehnt sich aus und schafft sich Raum.* Jupiter *bringt neue Erfahrungen und neue Zustände.*

Du bist eine starke, unkonventionelle Persönlichkeit. Du bringst Dein Feuer in die Welt, in Deine Umgebung. Du hast Mut und Kraft. Du gehst Deiner Leidenschaft oder Deinen Fantasien nach, auch wenn andere sagen: „Das tut man nicht". Ob das nun ein ungewöhnliches Hobby, einen spontanen Entschluß oder den Lebensweg insgesamt betrifft. Für Dich ist das einfach eine Bedingung des persönlichen Lebensglücks, der eigenen Identität und Vitalität. Der Erfolg wird Dir recht geben. Indem Du Deiner Energie folgst, bist Du am schönsten und stärksten zugleich. Damit tust Du Dir den größten Gefallen, und gleichzeitig gibst Du auch der Gemeinschaft so das Beste, das Du zu geben hast.

Schnelligkeit, Unberechenbarkeit, Attraktivität und eine große Liebesfähigkeit sind Deine Eigenschaften. Deine Gefahr ist, daß Du den Kontakt zu Dir selbst verlierst und Dich in rastloser Suche nach immer neuen Zielen verzehrst. Du kannst dann Dir oder anderen gegenüber intolerant und zerstörerisch sein.

Spiel mit dem Feuer

Stab-Bube ist wie ein Frühlingsbote, voll Freude über das, was wächst. Er steht im Zeichen der Frühlingstagundnachtgleiche *am 20./21. 3., mit der der astrologische* Jahreskreis, *der* Frühling *und das Sternzeichen* Widder *beginnen.*

Du bist eine junge oder junggebliebene Person. Du schaust Dir Dein Wachstum, Deine sprossenden Triebe an, voll Neugier und Anerkennung, vielleicht mit Bewunderung, vielleicht mit Skepsis.

Du spielst mit dem Feuer: fantastische Erlebnisse und Neuigkeiten fallen Dir spielerisch-leicht zu. Wenn Du Deinem Temperament folgst, erwachsen Dir in Deiner Lust am Spiel Erfindungen und Erfolge oft wie von selbst. Du hast fruchtbare Träume und kannst selbst in der Wüste Pflanzen blühen lassen.

Glückliche Neuigkeiten und neue Möglichkeiten sind die Botschaft dieser Karte. Sie kann allerdings auch für ein uneffektives Spiel mit dem Feuer stehen, das bloß theatralisch ist, mit einem Hang zum Dramatisieren, zu Oberflächlichkeit oder Verantwortungslosigkeit.

Kreativität· Identität

Die Quintessenz des Elements Feuer. Zugehörig sind die drei Feuerzeichen Widder, Löwe *und* Schütze.

Das Stab-As enthält das ganze sich entfaltende Potential der Kreativität, der Lebenslust, der Leidenschaft und des Wachstums. Es verweist auf die vielen Talente, die in Dir stecken. Es signalisiert Glück und Erfolg auf vielen Ebenen. Es bedeutet gute Chancen, Arbeiten abzuschließen, neue Projekte zu beginnen oder allgemein Farbe in den Alltag zu bringen.

Du hast ein vehementes Selbstvertrauen. Es speist sich aus Deiner Entschlossenheit, Lebendigkeit, Begeisterungsfähigkeit und Tatenlust. Es stellt ein Energiereservoir dar, das Du immer wiederneu zur Hand hast. Du hast die Macht, Dich zu engagieren, Dich zu behaupten und zu verwirklichen. Du hast die Kraft, Dinge in Bewegung zu setzen und vorwärts zu bringen. Deine Kreativität kann Dich zu einem abwechslungsreichen Alltag voll Farbe, Aufregung und Dynamik führen. Du brauchst Anstrengungen nicht zu fürchten, wenn Du weißt: „Man muß zu weit gehen." (Heinrich Böll). Nur so erfährst Du die ganze Palette Deiner Möglichkeiten – und auch Deine jeweiligen Grenzen.

Gefährlich wird Dein starkes Selbstgefühl, wenn Du beginnst, Dich selbst zu überschätzen, oder versuchst, Hindernisse und Widersprüche niederzubügeln und Deine Sache rücksichtslos durchzuziehen. Mit blindem Eifer oder hartem Draufgängertum schadest du letztlich am meisten Dir selbst. Sie führen Dich zu übermäßiger Anspannung und vorzeitigem Verschleiß. Die Lösung heißt vor allem Entspannung. Effektiver als eine Willensanstrengung bis zum letzten ist die aufmerksame und entschlossene Präsenz, eine spielerisch-kämpferische Anwesenheit von Moment zu Moment. Wenn Du akzeptieren kannst, daß es grundsätzlich irgendwo Grenzen gibt, gewinnst Du eine spielerische Freude an Deinem Tun und eine handlungsbereite Gelassenheit.

Gewißheit

Widder *fängt etwas an.* Mars *gibt kraftvolle Entschlossenheit.*

Du hast viele Talente und Fähigkeiten. Du bist kreativ und kennst Deine Quellen. Du hast einen weiten Horizont, hast schon viel ausprobiert und noch mehr Ideen, vielleicht auch Fernweh oder eine unbestimmte Sehnsucht.

Wie ein junger Künstler besitzt Du eine frühe Meisterschaft. Aber das ist noch längst nicht alles, was Du kannst. Geh weiter und entdecke mehr.

Bei allem, was in Zukunft auf Dich zukommen mag, gibt Dir diese Karte eine ruhige Gewißheit, wie die schönen Tage Deiner Kindheit. „Wie die Blüte Vorbote der Frucht, so ist die Kindheit Verheißung des Lebens", sagt ein Sprichwort der Sufis. Laß kommen, was kommt. Fordere oder erwarte nichts Bestimmtes: feiere den Augenblick. Du trägst die Welt in Deinen Händen.

Die Karte kann auch vor abenteuerlichen Plänen warnen. Ehrgeiz, Eroberungen und Erwerbungen als Selbstzweck führen Dich von Dir weg, reiben Dich auf. Du brauchst die Welt nicht zu erobern. Sie steht dir offen. Lerne schauen und warten.

Unternehmungsgeist

Widder *läßt sich von Grenzen anspornen. Er will Neuland entdecken.* Sonne *gibt reiche Energie.*

Du bist eine kraftvolle, verwurzelte Persönlichkeit. Dein Reichtum an Ideen, Energien und Schwung vereint sich mit Gemeinschaftssinn und der Bereitschaft zu tätiger Hilfe. Die Karte steht für solide Arbeit. Und sie steht für die vielen Ziele, die Du noch in Dir hegst, die Freude an neuen Unternehmungen.

Sie kann Dir sagen: Worauf wartest Du noch? Wovor solltest *Du* Angst haben? Leg los! Eine Idee ist nur so gut wie das, was Du daraus machst. Guck nach vorn. Verlaß Dich auf die Kraft und die Integrität Deiner Pläne. Brich auf zu neuen Ufern.

Andererseits kann die Karte auch bedeuten: Verlier Dich nicht in Deinen Plänen. Sieh Dich an. Die Bäume sind gepflanzt, die Schiffe ausgesandt, die Projekte laufen. Du brauchst jetzt Geduld und Vertrauen. Warte ab und halt Dich bereit.

Erste Erfolge · Feste feiern

Widder *ist sich selbst nah.* Venus *kann feste feiern.*

Eine wichtige Phase hast Du abgeschlossen. Jetzt kannst Du Früchte ernten, Dich ausruhen und vergnügen. Du hast Deinen Platz gefunden, eine Bestätigung, eine Situation, in der Du das Leben genießen kannst. Was für ein Vergnügen, da zu sein. Welch eine Freude, neue Genüsse zu erfinden.

Es ist eine Kunst, die Feste zu feiern wie sie fallen. Jetzt ist eine gute Gelegenheit, Dich in dieser Kunst zu üben: zu singen und zu tanzen, ins Theater zu gehen, Theater zu machen usw. Du brauchst Dich nur einzubringen, zuzugreifen und mitzumachen.

Auf der anderen Seite kann die Karte zeigen, daß Du Dich klein hältst, unter ferner liefen... Du kommst aus Deinem geschützten Winkel nicht raus oder drückst Dich vor einem Abschied. Du vermeidest Deinen eigenen, deutlich erkennbaren Standpunkt. Die Feste und Feiern halten dich davon ab. Du gehst im Trubel unter.

Halbzeit

Löwe *bringt sich selbstbewußt ein.* Saturn *kommt auf den Punkt.*

Du bist mitten in einem schöpferischen Chaos, im vollen Leben. Reibung, Berührung, Streit, Wettbewerb, Nähe und Auseinandersetzung sind produktive Faktoren Deiner weiteren Entfaltung.

Es kann sich um ein neues Projekt handeln, in das Du eingestiegen bist, oder um einen sonstigen Neubeginn: Laß Dich berühren von den Menschen, Ideen und Ereignissen in Deiner Umwelt, spiel mit ihnen und spüre die Energie. Du kannst wie in einem kreativen Aikido oder Schlagabtausch fremde und auch „gegnerische" Energien für Deine Zwecke nutzen. Laß Dich nicht einmachen, und verdrück Dich nicht. Entscheide Dich, welche Ziele Du erreichen willst: entscheide Dich wirklich und setz Dich durch. Halbe Sachen zerstören Dich auf Dauer.

Die Karte kann auch zeigen, daß Du Dich in Auseinandersetzungen verstrickst und Deine Absicht aus dem Auge verlierst. Sie kann weiterhin vor Selbstüberschätzung warnen sowie vor einer Dramatisierung der Situation. Entspann Dich.

Gewinnen ist angesagt

Löwe *ist stolz auf seine Kraft und Schönheit.* Jupiter *geht weiter, dehnt sich aus.*

Viele Stationen hast Du auf Deiner Reise schon hinter dir: eine Menge Arbeit, viele Mühen, Enttäuschungen und Bestätigungen. Jetzt erfährst Du, daß Du auf dem richtigen Dampfer bist.

Gewinnen ist möglich und ist nun angesagt. Gewinnen in dem Sinn, daß Du zeigst, wie schön und stark Du bist; daß Du mit Deiner Lebenseinstellung von innen nach außen gehst; und daß Du Deine Persönlichkeit, Deine Art zu leben und zu lieben verwirklichst und genießt. Alles, was Du dafür brauchst, hast Du in Dir. Aber Du mußt jetzt auf der Bildfläche erscheinen. Zeig Dich! Komm raus und schaff Dir Raum. Warte nicht, bis Dich jemand abholt. Handle und stell Dein Licht nicht länger unter den Scheffel.

Wenn Du sowieso ein „Erfolgstyp" bist, kann Dir die Karte die Frage stellen, ob mit Deinen Erfolgen alles klar ist. Wie ist der Kontakt des Reiters zu seinen Mitmenschen? Ist er im guten Sinn allein, oder ist er einsam? Bringt er sein Inneres nach außen, oder vergräbt er es immer tiefer hinter Schau-Erfolgen? Mach Dich nicht abhängig von Bewunderern. Liebe Dich, auch wenn andere Dich nicht lieben.

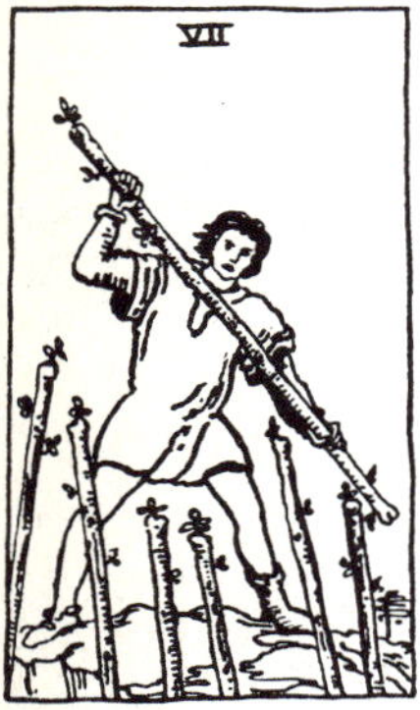

Einsatz

Löwe *engagiert sich ohne Wenn-und-Aber.* Mars *ist energisch konzentriert.*

Erfolg ist Entfaltung Deiner Kraft. Vieles ist jetzt anzupacken, oder vieles kommt auf Dich zu. Engagier Dich. Zeig was Du kannst. Halt Dich nicht zurück. Bring Deine Sache mit ganzer Kraft voran. Dein Einsatz ist jetzt gefragt. Warte nicht auf bessere Zeiten. Du stehst auf sicherem Boden und brauchst Auseinandersetzungen nicht zu fürchten.

Achte auf Deine Energie. Konzentrier Deine Anstrengung darauf, anwesend zu sein. Entscheidend ist Deine Bereitschaft, im Moment zu handeln und zu geben, was in Dir steckt. Eine ständige oder vorbeugende innere Anspannung führt zu Verkrampfung und reibt, genauso wie Verbissenheit, Deine Kraft nur vorzeitig auf. Laß Dich nicht ins Bockshorn jagen. Versuche, die Situation spielerisch anzugehen. So, wie Kinder spielen können: auf eine Sache völlig konzentriert, um im nächsten Moment weiterzugehen, und dann das gleiche von vorn, immer mit 100%-Beteiligung, mit Begeisterung, nicht mit innerem Druck. (Schließlich soll das Ganze nicht dahin ausarten, daß es keinen Spaß mehr macht.)

Aktivismus, Ehrgeiz und Wirbelei („Ich hab keine Zeit“) bringen Dich nicht weiter. Sie sind nur andere Formen des Auf-der-Stelle-tretens. Hektik und Lähmung ähneln sich wie Zwillinge. Achte auf Deine Energie. Warte nicht, bis Du enttäuscht und ausgebrannt bist.

Große Anstrengung

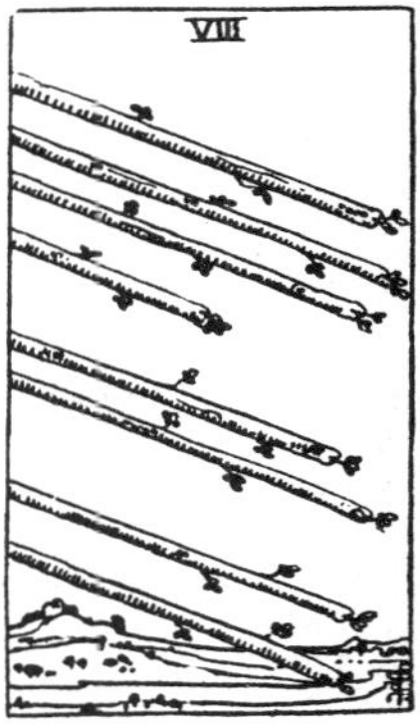

Schütze *hat noch große Pläne.* Merkur *treibt an und gibt Schwung.*

Deine Anstrengungen zeigen Ergebnisse. Diese stellen Dich vor neue Anforderungen. Du hast viele Fähigkeiten, und vieles muß jetzt zu einem neuen Ergebnis gebracht werden. Eine komplizierte Situation, die Dich ganz fordert, in der auch die Gefahr droht, daß Du Dir ganz aus dem Blick gerätst.

Mach Dich innerlich bereit, einen großen Schritt zu tun. Nur Du kannst Deine Träume verwirklichen. „Nimm Deine gebrochenen Flügel, und lern fliegen. Dein ganzes Leben hast Du auf diesen Moment gewartet, Dich zu erheben: Flieg!", singen die Beatles in ihrem „Blackbird".

Halte Dich selbst im Blick. Laß Deine große Energie nicht in Hektik verpuffen. Konzentriere Dich und nimm Deine Kraft zusammen.

Lampenfieber · Unruhe

Schütze *hat sein Ziel im Visier.* Mond *gibt innere Bestätigung oder Zweifel.*

Eine Situation wie kurz vor der Premiere: Da bist Du mit Deinen Fähigkeiten und Talenten. Dein Auftritt steht bevor. In einer Bilanz siehst Du die Blüten Deiner Arbeit, Deines Lebens. Und du machst Dich fertig aufzutreten, voll da zu sein, zu riskieren und alles zu geben. Es ist Dein Spiel, und Du wirst es genießen.

Ein anderes Mal stehst Du in der gleichen Situation mit skeptischen Fragen: Bin ich da, wo ich hingewollt habe? Wird es gelingen, mich ganz auszudrücken? Ist das noch mein Spiel? Ist das, was ich mache, wirklich echt? Du mußt Dich wieder entscheiden: entweder akzeptieren, was Du geschaffen hast, und raus damit ins Rampenlicht Deiner Umgebung — bereit, über Deine bisherigen Erfahrungen hinauszugehen. Trau Dich! Das Schlimmste, was passieren kann, ist, daß Du Dich lächerlich machst. Ja, gut! Aber verdrück Dich nicht, und mach Dich nicht lächerlich vor Dir selbst.

Wenn Du jedoch ausgebrannt bist und den Kontakt zu Deiner Mitte verloren hast, dann halt inne. Laß Ballast fallen, gib ab und bring Dein Selbst wieder ins Spiel. Sonst wirst Du mit der verbliebenen Kraft die letzte Lücke schließen und Dir Deine Sache verbauen.

Erfolg · Sackgasse

Schütze *verfolgt seine großen Ziele konsequent, manchmal auch endlos selbstverloren.* Saturn *ist wie ein erfahrener Alter. Ihm kannst Du nichts vormachen.*

Du hast Erfolg in Deinen Vorhaben. Du setzt Dich durch. Du bringst Deine Leidenschaften, Wünsche, Talente und Vorstellungen dorthin, wo Du sie hinhaben willst. Du bewegst enorme Kräfte durch Deinen Einsatz. Du kannst viel bewirken, trägst reiche Früchte und läßt „100 Blumen" blühen.

Dein Erfolg ist ein Ergebnis Deiner gelebten Leidenschaft, Deiner Selbstverwirklichung. Du kochst Dein Temperament nicht auf Sparflamme. Du bist voll da. Bewußt und ohne Vorbehalt bringst Du Dich ein. Du traust Dich, Dich auf neue Erfahrungen einzulassen. Du hast den Mut, Grenzen auszuprobieren und auszudehnen. Weil Du Dich ganz reingibst, hast Du die Nase vorn. Laß Deine Leidenschaft und Deine Kreativität weiter arbeiten: „Der Himmel kennt keine Grenzen."

Andererseits kann die Karte auch anzeigen, daß Du in eine Sackgasse geraten bist und Dich hoffnungslos überladen hast. Erfolg und Entschlossenheit als Selbstzweck führen zu einer zerstörerischen Selbstverleugnung. Falsches Heldentum und Verbissenheit blockieren Deine Energie und lassen sie versiegen. Vor lauter Bäumen siehst Du den Wald nicht mehr. Du mußt Dich jetzt anstrengen, den Kontakt zu Dir wiederherzustellen. Du mußt Deine Kraft für Dich einsetzen und auch lernen, demütig zu sein, d.h. zu akzeptieren, daß sich die Welt nicht nur nach Deiner Façon dreht.

Kelche

Kelche vertreten das Element Wasser. Kelche, auch Pokale genannt, stehen für die Seele, das „Innenleben“ und das Unbewußte. Die Welt der Kelche ist die Welt der Empfindungen, Gefühle, Stimmungen, Träume, Ahnungen, der Fantasie und der Intuition. Kelche handeln von innerer Wahrnehmung und innerem Wissen, von Sinn und Bedeutung, von Freude, Trauer, Verlust und Erfüllung.

Deine Erlebnisse und Eindrücke spiegeln sich in Deiner Seele und zeigen sich hier in ihrer Bedeutung. Sie bilden Deine innere Welt-Anschauung. Hier tun sich die Gegensätze und Unterscheidungen Deines Lebens auf — oder wachsen zu einer Einheit zusammen. Vieles, was dem Alltagsverständnis fremd ist, kann sich „drinnen“ als vertraut erweisen und Gewohntes als fern. Auch die mystischen, spirituellen oder transzendenten Erfahrungen entstehen hier bzw. gewinnen hier ihre Bedeutung. Es sind dennoch keine „übersinnlichen“ Kräfte am Werk. Es ist die unvoreingenommene *seelische* Aufnahme, Auswertung und Steuerung Deiner Sinneseindrücke, die Dich zu innerem Wissen und auch zu transzendenter Erfahrung führt.

Die Seele ist die Quelle der Intuition und der inneren Stimme. Sie ist Vorratslager, Prüfstand und Wegweiser Deiner persönlichen Orientierung — und damit eine wirkungsvolle Basis für Entscheidungen und Entschlüsse. Die Seele ist macht- und kraftvoll und wie ihr Element, das Wasser, alles andere als nur sanft. „... Daß das weiche Wasser in Bewegung/ Mit der Zeit den mächtigen Stein besiegt./ Du verstehst, das Harte unterliegt.“ (B. Brecht).

Sternzeichen:

Krebs, Skorpion, Fische

Planeten:

Mond, Pluto, Neptun

Temperament:

Melancholiker

Bewegung/Haltung:

Fließend

Große Karten:

II-Die Hohepriesterin
VII-Der Wagen
XII-Der Gehängte
XIII-Der Tod
XVIII-Der Mond
XX-Gericht
XXII/O-Der Narr

Motto:

Alles fließt; und das Harte unterliegt.

Schönheit · Offenheit

Das Sternzeichen Krebs *und der* Mond *stehen für ein Leben aus den Gefühlen, aus der Seele heraus.*

Die liebevolle Königin des Wassers. Du kennst viel von den Geheimnissen des Lebens und empfindest tief. Dein großes Einfühlungsvermögen gibt Dir reiche und treffende Bilder, Ahnungen und Visionen. Du hast eine gute Antenne, ein offenes Ohr für das Unbewußte, das „Ewig-Menschliche" und die Regungen der Seelen. Wenn Du mit Dir im Klaren bist, beziehst Du daraus eine große Kraft und eine fruchtbare Fantasie. Damit kannst Du ein tiefes, schönes und erfülltes Leben verwirklichen, mit glücklichen Überraschungen, herzlicher Freude und immer wieder neuerlebter Glückseligkeit. Wie Du innerlich in die Tiefe wächst, wächst Du nach außen über Dich hinaus. Du hast ein Händchen für Beziehungen, eine spirituelle Begabung und eine erfahrene Lebensklugheit. Manche vereiste Seele taust Du wieder auf. Du kannst Dich ganz verschenken, aus vollem Herzen lieben und tiefe Gefühle teilen. Die Basis dafür ist allein Deine Offenheit, d.h. Deine Kunst, aus allem, was geschieht, eine Bedeutung, einen Sinn zu empfangen.

Du wirst verletzbar, wenn Deine Liebe und Deine Gefühle nicht erwidert werden. Wenn Deine Beziehungen nicht stimmen, ist für Dich alles andere kein Trost. Du leidest dann sehr und neigst zu dunklen Ahnungen, Depressionen und unbestimmten Ängsten bis hin zur Verzweiflung. Es sieht dann wirklich so aus, als hätte die ganze Welt sich gegen Dich verschworen. Du mußt lernen, nicht alles auf Dich zu beziehen, und aufhören, Dich als Spezialfall mit Sonderproblemen zu betrachten. Konzentriere Dich auf Deine Wünsche und Absichten. Gib nicht so schnell die Initiative an andere ab. Gerade um Dir Deine Eigenart, Deine Wünsche und Deine Offenheit zu bewahren, ist es auch mal nötig, Deine Türen zuzumachen.

„Kraftzentrale Unterbewußtsein"

Skorpion *und* Pluto *stehen für das „Stirb und Werde". Sie dulden nur, was echt ist.* Mars *gibt starke Energie.*

Du bist eine liebende, würdevolle Persönlichkeit, deren große Kraft aus der Tiefe kommt. Dein Innenleben und Deine Gefühle sind für Dich sehr bestimmend. Solange Du das nicht anerkennst, kannst Du Dich selbst stark verletzen. Sobald Du aber den Impulsen aus Deinem Unbewußten nachgehst und danach lebst, hast Du Oberwasser und eine erfahrene, lustvolle Lebensart, „gutgelaunt wie ein Pascha und boshaft wie ein Stachelschwein" (Italo Calvino).

Du lebst im Uferlosen. Die Anerkennung der Wasserwelt mit all ihren Tiefen ist für Dich unvermeidlich. Die Erfahrung lehrt Dich, daß jeder äußere Rahmen (Erfüllung von Pflichten, Aufgaben, Regeln) an dem Problem Deiner persönlichen Uferlosigkeit nichts ändert. Sicherheit und Halt besitzt Du einzig in Dir. Dein Thron im Hin und Her der Wellen hat auch seine Stärken. Du bist sensibel für Strömungen und Schwingungen. Du verfügst über abgewogene eigene Werte und Ziele, eine fundierte Menschenkenntnis und eine reife Urteilsfähigkeit. Deine feine Wahrnehmung von Emotionen und Instinkten führt Dich zu vielfältigen, oft mutigen Ideen und Inspirationen, die Dich z.T. selbst erstaunen. Du hast ein gutes Gespür für Situationen. Du nutzt Chancen, beginnst Neues, akzeptierst Unvermeidliches, nie kleinkariert, immer mit einer persönlichen Würde.

Deine Gefahren sind Enttäuschung und Verzweiflung, solange Du anderswo als in Dir selbst nach Sicherheit suchst. Selbstverletzung und Selbstmitleid entstehen, wenn Du versuchst, Deiner tiefen Kraft auszuweichen oder künstliche Dämme zu bauen. Die Folgen sind aufgestaute Wut, Geheimniskrämerei und verborgene Lüste, die in Zügellosigkeit und Vernichtung umschlagen können.

Fantasie · Sehnsucht

Fische *leben mit dem Emotionellen und Spirituellen.* Jupiter *bringt Glück, Gutherzigkeit und Erweiterung des Bewußtseins, die von* Neptun *noch gesteigert, manchmal übersteigert werden.*

Du bist eine liebevolle Persönlichkeit, aufrecht, geradeheraus, offen. Von Kopf bis Fuß bist Du gewappnet für die Liebe. Wie die Fische ihrem Element ergeben sind, so folgst Du Deinen großen Gefühlen und Sehnsüchten. Die Flügel an Helm und Schuh verweisen auf Deine beflügelte Fantasie. Die eine Seite von Dir ist Deine große Liebe. Du hast einfach so viel Liebe zu geben. Du teilst Dich mit und schaffst in Deiner Umgebung Lachen, Wärme und Farbenpracht. Du kannst ein ausgesprochener Spaßvogel sein. Die andere Seite ist Deine große Suche und Dein Unterwegssein. Du brauchst immer wieder das Gefühl der Rückbindung an Deine Quellen, der Ausdehnung ins Unendliche und des tiefen Einsseins mit dem Strom des Lebens. Wenn Du dabei nicht in Unentschlossenheit oder Selbstvergessenheit verfällst, hast Du eine außerordentliche Gabe für wundervolle Liebesgeschichten, spirituelle Abenteuer und fantastische Erlebnisse. Wille und Gefühl gehen für Dich dann miteinander auf.

Deine Gefahr ist, daß Du in Deiner ewigen Sehnsucht an dem, was ist, vorbeigehst. Oder daß Du ständig schwankst und Dich nicht entscheiden willst. Du wirst dann kraft- und konturlos, weltfremd, mit Tendenzen zu innerer Steifheit und Sektiererei.

Lebensfreude · Einsicht

Kelch-Bube ist belebend und erfrischend wie ein Sommertag am Meer. Er steht im Zeichen der Sommersonnenwende *am 21./22. 6., mit der der* Sommer *und das Sternzeichen* Krebs *beginnen.*

Du bist eine heitere und ernsthafte Persönlichkeit, hilfreich und aufbauend, dabei selbständig und eigenverantwortlich. Das Leben der Gefühle und des Unbewußten betrachtest Du nachdenklich-spielerisch und neugierig-distanziert. Wenn das nicht zu einem Zustand der Unentschlossenheit führt, hast Du eine große Begabung, Dich in innere Probleme zu versenken, ohne darin unterzugehen. Mit Einfühlung, Verständnis und Meditation entdeckst Du Neues und gewinnst Einsichten in Zusammenhänge, Ursachen und Motive. Das ist für Dich selbst eine Quelle aufgeklärter Lebensfreude. Und für andere kannst Du eine wichtige Hilfe auf psychischem und spirituellem Gebiet sein. Mit Deiner besinnlichen und lebensfrohen Art kannst Du Dir und anderen Mut machen, Freude und Ruhe schenken.

Allerdings kann es auch vorkommen, daß Du Dich mehr dem Studium diverser Lebensrätsel als Dir selbst widmest. Du kannst davor zurückschrecken, Dich zu engagieren oder die erforderliche Härte zu zeigen. Du wirkst dann blaß und unerfahren.

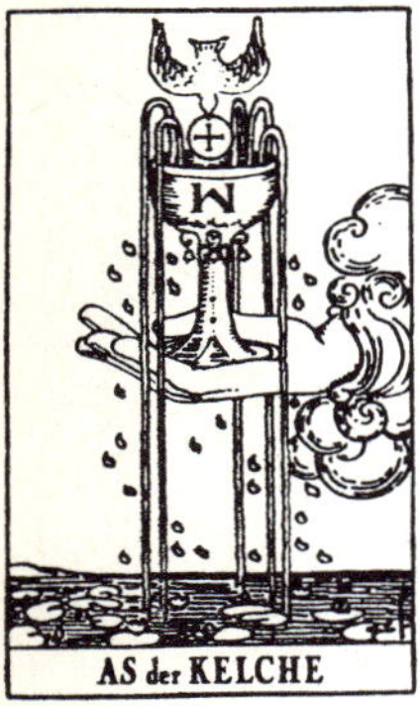

Freude · Ekstase

Die Quintessenz des Elements Wasser. Zugehörig sind die drei Wasserzeichen Krebs, Skorpion *und* Fische.

Das Kelch-As enthält das ganze Potential des Unbewußten, der Gefühlswelt und der Spiritualität. Es bedeutet Deine tiefe seelische Verbindung mit dem Leben und Deine Offenheit für die Geheimnisse zwischen Himmel und Erde. Es signalisiert eine glückliche Reise durch das Leben und eine tiefe Erfüllung.

Deine überströmenden Gefühle lassen Dich Freude und Leid tief erfahren. Dein machtvolles inneres Empfinden bringt Dich manchmal in Bedrängnis. Du scheinst Wünschen und Ängsten ausgeliefert zu sein, in denen Du unterzugehen drohst. Du mußt immer wieder durch extreme Höhen und Tiefen hindurch in einem Kreislauf, der nie aufzuhören scheint. Manchmal weißt Du nicht mehr, was Traum und wasWirklichkeit ist, wo die Illusion anfängt und wo sie aufhört. Zugleich sind es aber gerade diese emotionalen Grenzerfahrungen, die Dich aufs Intensivste mit der Welt und allem Menschlichen verbinden. Du wirst in Sinn und Bedeutungen eingeweiht, die dem oberflächlichen Alltagsverständnis oft fremd bleiben. Das kann Dich manchmal auch irritieren, lähmen oder dem Alltag entfremden. Dann mußt Du behutsam sein und Dir Freunde und Begleiter suchen. Aus jenen Erfahrungen heraus besitzt Du jedoch ein besonderes Bewußtsein Deines Eingebundenseins in einen größeren Welt- und Lebenszusammenhang. Du hast eine besondere Nähe zur Ekstase. Auch die drei anderen Asse stehen auf ihre Art für das Heraustreten aus der alltäglichen Gebundenheit und für die unmittelbare und ganzheitliche Erfahrung des Seins. Die seelische Erfahrung der Kelche bringt sie Dir jedoch besonders tief und durchdringend. Nimm es als ein Geschenk des Lebens, mit dem Du Dir und anderen viel Freude bereiten kannst.

Geteilte Freude, doppelte Freude

Krebs *lebt seine Gefühle und tauscht sie aus.* Venus *bringt Liebe, Lust und Freude.*

Glück und Erfüllung zwischen (zwei) Menschen. Liebe, Verständnis, Bereitschaft zu Kommunikation und Austausch sind die Basis für emotional befriedigende, beglückende Beziehungen und Begegnungen. Über solchen Zusammentreffen liegt eine Art Zauber. Die zwei Schlangen des Hermes-Stabes symbolisieren Körper und Psyche, Trieb und Vernunft, die sich anziehen und verflechten.

Die Freude, die wir in uns selbst entdecken und mit einem Gegenüber teilen, ist einer der Gründe für unsere „lange Reise durch ein kurzes Leben". Laß diese Freude sich immer weiter entfalten, schaff ihr neue Bereiche. Teil Dich mit: sprich mit dem Kollegen, der Dir immer noch fremd ist; sag Deiner Freundin oder Bekannten, was Dir schon lange stinkt; weih Deine/n Partner/in oder Dein Kind (mehr) in Deine Geheimnisse ein. Oder mach z.B. Schluß mit der Devise: „Kritik immer, Lob selten bis nie" (oder auch umgekehrt). Sag dem/r anderen, was Du von ihm/ihr brauchst und was Du ihm/ihr geben willst. Warte nicht, bis er/sie es vielleicht errät. Je klarer Du Dich mitteilst, desto schöner für beide Seiten.

Seligkeit

Krebs *lebt seine Gefühle und tauscht sie aus.* Merkur *verbindet Seele, Körper und Geist.*

Zeit der Feste und des Glücks. (Frühe) Fülle. Innerer Reichtum, Glanz der Seele, der sich in einer Gemeinschaft ausdrücken und entfalten kann. Eine Gruppe, in der Du ganz und gar angenommen bist, in die Du Dich ganz und gar hineingibst; nicht um Dich zu verzehren oder aufzuopfern, sondern aus Freude am Dasein, aus Lust am Schenken.

Es sind die Augenblicke in Deinem Leben, in denen Du ein lachendes Einverständnis mit der Welt hast, in denen der Augenblick Ewigkeit ist; Situationen der reinen Seligkeit, in denen alles möglich ist. Es sind die Erfahrungen von Zuhause-Sein, Heimat, Aufgehoben-Sein.

Vielfach leben diese Erfahrungen hauptsächlich aus Erinnerungen an Kindheit, Jugendstreiche, die erste Liebe usw. Aber wir brauchen diese Erfahrungen immer wieder neu, nicht fern hinter den Sieben Bergen, sondern jetzt und konkret. Weder Verzicht ist angesagt, etwa nach der Parole: Im Alter muß man sich seine Wünsche abschminken. Noch bringt's eine Fortsetzung der alten Erinnerungen allein über Fotoalben, Heimatlieder oder Oldies.

Du kannst jetzt glücklich sein. Du kannst eine Gruppe finden, die Deinen Wünschen entspricht. Du kannst anderen Deine Liebe schenken. Das kann z.B. mit einem Geburtstag von Dir oder anderen anfangen, den Du besonders liebevoll vorbereitest. Es beginnt jedoch im Endeffekt mit jeder Sache, die Dir wirklich wichtig ist.

Besinnung

Krebs *läßt sich auf seine Gefühle ein. Der* Mond *mit seinen Phasen steht für den Lauf des Lebens.*

Freude und Fülle des Lebens sind Dir vertraut und doch nicht einfach selbstverständlich. Du überlegst und hältst Einkehr. Jetzt ist eine gute Zeit für Meditation, für die Auswertung Deiner bisherigen Erfahrungen, für neue Inspirationen und die Sammlung neuer Kräfte.

Lerne das Alleinsein, ohne einsam zu sein. Nimm die Zyklen des Lebens, der Natur auch für Dein Leben an. Lerne sie kennen und stell Dich auf sie ein. Mit der Entfernung von der Natur und mit der Ablehnung religiöser Riten haben wir oft überhaupt Rituale oder Gebräuche verloren, die uns mit dem Auf und Ab oder Kreislauf, z.B. der Jahreszeiten, verbinden. Wir werden heute viel eher durch eine Grippe, ein Unwohlsein und sonstige Krankheiten auf solche Betrachtungen gestoßen. Wo früher Gottesdienste, Bußzeiten oder Gelübde eine Reflexion der eigenen Lebenssituation, innere Klarheit und neue Bereitschaft schufen, sind es heute häufig nur die großen und kleinen Katastrophen des Alltags, die uns — dann widerstrebend — innehalten und nachdenken lassen.

Nimm diese Situationen an. Lerne Einkehr und Besinnung als produktive Faktoren der Lebenskunst kennen. Die Karte verspricht Dir dabei Erfolg. Wenn Du Dich darauf einläßt, hält das Leben Geschenke für Dich bereit, wie den Kelch aus der Wolke, der an das Kelch-As erinnert.

Wende · Umwandlung

Skorpion *erkennt die Tiefen und Abgründe an. Zusammen mit* Mars *setzt er starke Energie frei.*

Die Situation, wenn Du versackst, „in ein Loch fällst“: Schmerz erfüllt Dich, manchmal so stark, daß Du es gar nicht zugeben willst. Vielleicht siehst Du verlorene Möglichkeiten bis hin zu scheinbar verschenkten Jahren oder bis hin zu unersetzbaren Verlusten. Die Brükke scheint jedenfalls weit weg, und Du magst Dich selbst nicht leiden. Tatsache aber ist: Du bist bei Dir angekommen.

Es ist jetzt wichtig, daß Du Deine Schmerzen akzeptierst, daß Du Deine Trauer, Wut oder Reue lebst und da hindurchgehst. Etwas ist verloren. Es ist vorbei. Konzentrier Dich auf das, was vor Dir liegt. Das ist jetzt das Wesentliche. Du hast neue Möglichkeiten. Wenn Du Dich vom Verlorenen und Vertrauten lösen kannst, verfügst Du über alle Kraft und Energie, die Du benötigst.

Deine vergangenen Erfahrungen waren dennoch nicht umsonst. Der Schmerz wegen eines Verlusts zeigt gerade, daß Du lebendig bist, und zeigt Dir auch, indem Du es vermißt, was Du willst. Das ist ein Potential, mit dem Du viel anfangen kannst. Du brauchst den Verlust weder zu verdrängen, noch Dich ihm zu unterwerfen. In erlebten Enttäuschungen und in Deinen Schwächen stecken auch Deine Stärken und Deine besten Seiten. Als Beispiel: Wenn Du Dich aus Minderwertigkeits- oder Schuldgefühlen irgendwo aufgeopfert hast, bis Du nicht mehr konntest, dann ist in diesen dunklen Stunden auch Dein Vermögen, Dich einzubringen und Dich fallenzulassen, enthalten.

Vergrab Dich nicht. Bei aller Enttäuschung oder Distanz zu dem, was war – geh mit Deiner Vergangenheit um wie mit einem Freund.

Energie aus dem Unbewußten

Skorpion *geht in die Tiefe.* Sonne *füllt Dein Herz mit Lebensenergie.*

Alte Träume und tiefe Wünsche werden Dir neu bewußt. Erinnerungen und Fantasien kommen hoch. Erlebnisse in der Kindheit und in frühen Beziehungen werden Dir wieder gegenwärtig. Das Unbewußte macht sich bemerkbar — in Tagesereignissen, Träumen, neuen Ideen und Visionen. Versuche, Deine inneren Bilder zu verstehen. Arbeite mit ihnen. Achte auf Stimmungen und Schwingungen. Die seelischen Impulse sind Prüfstand und Wegweiser Deiner Orientierung. Sie geben Kraft und Einsicht und schaffen Raum für neue Beziehungen und Zusammenhänge.

Im übrigen deutet die Karte freudige Überraschungen und Geschenke an: große und kleine Wunder, die im Alltag wahrzunehmen wir Erwachsenen wieder lernen müssen. „Wenn ihr nicht werdet wie die Kinder...“.

Allerdings kann auch eine gewisse Naivität in Deinem Verhältnis zu den Geheimnissen des Lebens hier angezeigt werden. Sei es eine mangelnde Loslösung von Deiner Kindheit oder Beschönigung derselben. Oder eine Ablehnung des Seelischen und Unbewußten als Kinder- oder Psychokram.

Kraft der Träume · Traumwelt

Skorpion *lotet aus und läßt nur Echtes bestehen.* Venus *schenkt Glück.*

Da stehst Du vor Deinen Träumen. Was Du Dir alles wünschst! Was Du alles sein könntest! Ist es Traum oder Wirklichkeit? Du schwankst: Alles ist da, alles ist möglich, es ist toll. Und: Alles ist weg, eine Illusion, nichts wird wahr. Wenn Du zupackst, könnte sich die Wolke als Fata Morgana erweisen. Dann lieber die schöne Erscheinung betrachten und ausmalen: Was Du alles sein könntest!

Der Feind des Guten ist das Beste. Die Suche nach dem Heilen, Absoluten, Unwandelbaren hindert Dich zuzugreifen. Sie ist zugleich auch die Angst, es könnte sich alles in nichts auflösen. Im Extremfall führst Du nur noch ein Schattendasein und beziehst Dein ganzes Leben auf eine Idealwelt, schwankend zwischen hie Wunschvorstellung und Absolutheitsanspruch und da Leere und Nichtigkeit. Du mußt lernen, Deine Vision zu Dir herunterzuziehen. Das Absolute, der Aufbau der Welt, die Fülle aller Möglichkeiten sind in jeder täglichen Begebenheit enthalten, in Dir genauso wie in jeder Blume, jedem Stein. Hör auf, Dir immer zu wünschen, daß die Dinge anders wären. Fang an, Dich in Deiner Eigenart und Einzigartigkeit zu erleben. Spür den Augenblick. Dann erlebst Du an Dir Wunder, Seligkeiten und Ewigkeiten, von denen Du bislang nur geträumt hast.

Auf der anderen Seite warnt die Karte davor, daß Du Deine Träume sausen läßt. „Ich kann meine Träume nicht/ fristlos entlassen,/ ich schulde ihnen/ noch mein Leben." (Frederike Frei). Warum solltest Du Dich mit einem Schmalspur-Glück zufriedengeben? Ohne Deine Träume, ohne Deine Ideale bleiben äußere Erfolge Scheinsiege und Trugbilder. Ohne innere Beteiligung und ohne dieses Prickeln verkommen auch die schönsten Errungenschaften zu Fetischen oder Attrappen.

Geheimnis des Flusses

Fische *folgen dem Strom des Lebens.* Saturn *handelt im Wissen, daß alles seine Zeit hat.*

Acht Kelche sind eine große Fülle von wirklich gelebtem Leben, von vielzähligen Erfahrungen und erreichten Ergebnissen. Dennoch mußt Du jetzt weitergehen. Ein Stillstand würde selbst die bisherigen Resultate gefährden. Alles fließt. Es gibt keine andere Sicherheit, als daß Du weiter Deinen Weg gehst und der sanften, aber auch bestimmenden Macht des Mondes folgst.

Es ist nicht einfach, gewohntes Gebiet zu verlassen. Vielleicht ist es jetzt jedoch Zeit, Dich von Errungenschaften und Gewohnheiten abzuwenden, die zwar ein gewisses Auskommen, aber keine richtige Freude bedeuten. Ein Neuanfang kann Dir die Erfahrung bringen, daß es eine Lust ist, Dich wieder in Bewegung zu setzen und Deine Lebenssäfte fließen zu lassen. Zwar ist der Weg ins Fremde und Dunkle oft genug auch düster und bedrückend. Jedoch ist weder Finsternis noch Einsamkeit angesagt. Die Nacht hat ihre eigene Klarheit, und da ist ein Licht in der Dunkelheit. Der Mond ist Dein stiller Begleiter. Hoffnungen und Ängste führen Dich weiter zur Quelle Deiner Sehnsucht.

Andererseits kann die Karte dafür stehen, daß Du am Vorhandenen oder am Wesentlichen vorbeiläufst. Deine Sehnsucht wird nicht in der Ferne gestillt. Ein Ende Deiner Suche wäre jedoch auch ein Ende Deiner Unzufriedenheit. Davor hast Du vielleicht am meisten Angst.

Fülle · Selbstzufriedenheit

Fische *fühlen sich in ihrem Element sprichwörtlich wohl.* Jupiter *steht für die Rückbindung an die Quelle.*

Du bist ein Glückskind. Zufriedenheit, Genuß, Ruhe und Harmonie erwachsen Dir aus Deiner aktiven Annahme des Lebens und Deiner Erfahrungen. Du akzeptierst Dich mit Stärken und Schwächen, mit Fehlern und Vorzügen. Du traust Dir. „Alles an Dir ist wertvoll, wenn Du es nur besitzt." (Sheldon B. Kopp). Was heißt überhaupt „richtig" und „falsch", wo doch prinzipiell alles auch sein Gegenteil bedeuten kann. Du nimmst Dich selbst sehr ernst und folgst Deiner Energie. Ohne ständige Bewertung und Beurteilung kannst Du Deine vielen Seiten entfalten und aus vielen Quellen schöpfen. Bewahr Dir diese Offenheit. Freu Dich und mach weiter.

Auf der anderen Seite bedeutet die Karte auch Selbstzufriedenheit in einer erstarrten Pose. (Fast) alles ist da, nur der Mensch im Mittelpunkt verkrampft sich immer mehr. Er will seinen Schatz hüten und züchtet damit nur seine Angst. Vielleicht reicht es schon, wenn er nichts mehr festhalten will, wenn er sich öffnet. Vielleicht muß er überhaupt wieder lebendig werden und lernen, Freude zu erfahren und zu geben.

Erfüllung · Fata Morgana

Fische *kennen dieses ozeanische Gefühl: wie ein Tropfen einssein mit den Meeren.* Mars *ist darin ganz leidenschaftlich.*

Deine Wünsche verwirklichen sich in einem bunten, facettenreichen Leben. Du findest Lieben und Beziehungen, die Dich ganz erfüllen. Die zehn Kelche im Regenbogen stehen für die vielen Wunder, die Du zusammen mit anderen erlebst. Der Regenbogen ist von altersher ein Zeichen für die Verbindung von Mensch und Kosmos, daneben auch für Fantasie und Kreativität. Deine Bereitschaft, mit Beziehungen und Situationen kreativ umzugehen, ist es, die Deine Sehnsüchte erfüllt. Du erlebst Freuden, die Du wie Geschenke erhältst, die aber im Endeffekt Deine Produkte sind, Ergebnisse Deiner Bereitschaft, offen zu sein und zu empfangen. „Sieh eine Welt in einem Körnchen Sand/ und einen Himmel in der wilden Blume,/ greif das Unendliche mit Deiner Hand/ und fühle Ewigkeit in einer Stunde." (William Blake).

Mit offenem Herzen kannst Du große Energien aufnehmen und austeilen. Du bist wie ein Kraftfeld, in dem Du und andere sich wohlfühlen, tiefe Gefühle austauschen und befriedigen. Du brauchst die Gemeinschaft mit anderen, mit ergänzenden Polen. Wenn Du von ihnen empfangen kannst, gehen auch in Dir verschiedene Seiten eine Verbindung ein, die die übliche Trennung von männlich und weiblich, jung und alt aufhebt.

Erfüllung läßt sich nicht anschaffen, nur Besitz. Du kannst Dein blaues Wunder erleben, wenn Du den Himmel beschwören oder auf ein Zeichen des Himmels warten willst. Gesten ersetzen dann das Leben, die Partner stecken im Clinch, Alt und Jung leben nebeneinander her. Freude verkümmert zu Spaß, und der Regenbogen bleibt unerreichbar wie eine Fata Morgana.

Schwerter

Schwerter vertreten das Element Luft. Sie stehen für Geist, geistige Energie, Wachheit, Bewußtsein, Wissen, Intellekt, Wissenschaft und Kunst. Die Welt der Schwerter ist die Welt der Erkenntnisse und Entscheidungen, der Begriffe, Werte und Beurteilungen. Schwerter handeln von Konzepten, Ordnungen und Strukturen, von der bewußten und ausdrücklichen Wahrnehmung der Welt und des Selbst, von Originalität, Freiheit, Lernprozessen und Klarheit.

Viele lehnen heute Wissen, Wissenschaft und allgemein „Kopfarbeit" ab, oft mit dem Hinweis auf die zerstörerischen Ergebnisse unserer technischen Zivilisation. Aber Denken umfaßt viel mehr als das traditionell-westliche, analytische Denken. Ein Beispiel dafür sind komplexe Systemtheorien, die das Ursache-Wirkung-Prinzip aufheben. Ein weiteres Beispiel sind Meditationen, die im Zusammenspiel von Analyse und Intuition, von Fließen und Erkennen zu höheren Formen der Wachheit und geistigen Energie führen.

Im übrigen verhält es sich mit dem Kopf ungefähr wie mit der Spitze des Eisbergs: er ist Teil eines größeren Ganzen. Wo Entfremdung oder Zerstörung herrschen, geht es um die Änderung der gesamten Lebensweise. Und ein — wie auch immer geartetes — alternatives, menschliches Leben von Kopfamputierten verspricht wenig Freude. „Das Denken ist eines der größten Vergnügen der menschlichen Rasse", meinte Bertolt Brecht. Denken als Vergnügen ist vielleicht auch das beste Heilmittel gegen die Abgehobenheit der herrschenden Geistes-Instanzen.

Sternzeichen:

Zwilling, Waage, Wassermann

Planeten:

Merkur, Venus, Uranus

Temperament:

Choleriker

Bewegung/Haltung:

Stark

Große Karten:

I-Der Magier
III-Die Herrscherin
VI-Die Liebenden
XI-Gerechtigkeit
XVII-Der Stern
XXII/O-Der Narr

Motto:

„stark sein
ohne hart zu sein
ist nicht nur kunst
das ist
AKROBATIK"
(Roswitha Schneider)

Autorität · Freiheit

Waage *findet ihr Gleichgewicht und damit immer wieder einen Punkt ähnlich der Schwerelosigkeit.* Venus *ist unmittelbar, anziehend und hat Lust am Fliegen.*

Du bist eine starke, souveräne Persönlichkeit mit großer Power und einem ausgeprägten Sinn für Gerechtigkeit. Konsequent und anhaltend dringst Du auf Klarheit. Du bekämpfst Unterdrückung und Elend. Du bewahrst Deine und anderer Freiheit.

„Über den Wolken muß die Freiheit wohl grenzenlos sein." (Reinhard Mey). Die Grenzenlosigkeit der Erfahrungen macht Angst. Du kennst diese Angst — und überwindest sie, indem Du damit lebst. Das gibt Dir eine große Fähigkeit, Dich auf Situationen und Ereignisse einzulassen, ja, in ihnen stets völlig anwesend zu sein. Du beurteilst die Menschen nach ihren Erfahrungen in der Situation, nicht nach Vor-Urteilen oder gängigen Konzepten.

All das gibt Dir eine ausgeglichene Freiheit und eine unmittelbare Autorität, eine sanfte Gewalt mit einem souveränen Reichtum an Erfahrung. Das schlägt sich in einem großen Wissen und in eindrucksvollen Ergebnissen nieder, oft auch in der Liebe zu Kunst und Musik. Du bist direkt, hast eine große Ausstrahlung sowie reichlich Initiative und Schwung.

Du kannst allerdings sehr neugierig sein. Du mischst Dich manchmal zuviel ein und kommst nicht zur Ruhe. Gefährlich ist es, wenn Du allen gerecht werden willst, weil Du dabei leicht Deine Mitte und Identität verlierst. Du wirst dann bitter und niedergeschlagen und wendest Dich ab. Oder aber Du wirst ehrgeizig.

Souveränität · Weisheit

Wassermann *schafft sich Klarheit.* Uranus *weist neue Bahnen.* Saturn *steckt den Rahmen.*

Du bist eine starke, erfahrene und bewußte Persönlichkeit. Deine Stärke ist Dein klarer, weiter Blick, den Du Dir in langen Auseinandersetzungen mit Dir und Deiner Umwelt erwirbst. Du untersuchst die Welt in ihren Zusammenhängen, Ursachen und Motiven. Du gestaltest Dein Leben nach dem, was Du für richtig erkannt hast. Du machst es Dir nicht leicht. Wenn Du etwas wissen willst, kannst Du sehr konsequent und bohrend sein, auch Dir selbst gegenüber. Das geht manchmal bis zu sehr schmerzhaften Erkenntnis- und Entscheidungsprozessen. Aber Du bist es Dir schuldig, Deinen eigenen Weg zu finden und durchzuhalten. Du brauchst Klarheit und Konsequenz, und das bedeutet einen lebenslangen Prozeß, in dem Du immer auf Deine Unabhängigkeit, Deinen eigenen Verstand, den Mut zur Unkonventionalität und zur Treue zu Dir selbst angewiesen bist.

Oft bist Du nicht im Einklang mit herrschenden Auffassungen und landläufigen Urteilen. Dein Verständnis für die großen Zusammenhänge ermöglicht eine einsichtige Beurteilung von gesellschaftlichen Strömungen und Traditionen. Du hast deshalb gute Voraussetzungen, Deine Vorstellungen in Kunst, Wissenschaft und anderswo zu veräußern und wirken zu lassen. Du schaffst Dir damit Deinen Rahmen, in dem Du Deine Ideen und Wünsche auseinanderlegen und leben kannst.

Die Karte kann andererseits für „Kopflastigkeit", Besserwisserei und Anmaßung stehen, die sich zu zwanghafter Kontrolle, kalter Berechnung und Zynismus steigern können. Deine Gefahren sind dann Lebensfremdheit, Isolation und Wahnideen.

Originalität · Radikalität

Zwilling *will wirklich wissen.* Merkur *ist intensiv und schnell.*

Du bist eine ausgesprochen energische Persönlichkeit voll Mut, Kraft und Risikobereitschaft. Wenn Du Dich für eine Sache entschieden hast, besitzt Du eine enorme Fähigkeit, Deinen Zielen mit hundertprozentigem Einsatz und ganzer Konzentration zu folgen.

Du besitzt eine große Fähigkeit und Bereitschaft, Dich ganz hinzugeben. Du willst keine halben Sachen, da bist Du radikal. Du willst die ganze Wahrheit erfahren und neue Wahrheiten ausprobieren. „Denn wenn man was liebt,/ was man eigentlich kaum bekommen kann,/ was unerreichbar fern erscheint,/ wird man ein Stück traurig./ Wird man ein Träumer./ Oder man wird ein Radikaler./ Oder/ ein radikaler Verwirklicher seiner Träume." (Susanne Zühlke).

Radikalität bedeutet dabei im übrigen nicht immer große — oder gar hektische — Aktivität; oft sind es auch kleine Bewegungen und Veränderungen im Alltag, die eine starke Durchschlagskraft entwikkeln.

Andererseits können sich Erbarmungslosigkeit, Selbstsucht und Ruhelosigkeit zeigen, die auch in Opfermentalität und Selbstaufgabe umschlagen können.

Initiative · Aufklärung

Schwert-Bube ist wie ein Herbststurm, der alles Vertrocknete wegfegt, damit Neues wachsen kann. Er steht im Zeichen der Herbsttagundnachtgleiche *am 22./23. 9., mit der der* Herbst *und das Sternzeichen* Waage *beginnen.*

Du bist eine geistig bewegliche Persönlichkeit mit Lust am Aufstöbern, Ausprobieren, Herausfordern. Sanft und wild widersprichst Du Vorgesetzten und Autoritäten, legst Schwachstellen bloß, machst Verbesserungsvorschläge und hast immer eine Menge neuer Ideen. Du gehst Deiner Wege und läßt Dich nicht auf bestimmte Rollen festschreiben. Genauso wie Du Dich nicht einfach überfahren oder ausmanövrieren läßt.

Du kannst mit Deinen Ideen andere Menschen ansprechen und überzeugen. Du bist dabei energisch, spontan, zielbewußt und aufgeschlossen. Du begibst Dich nicht in ungewollte Verpflichtungen oder Abhängigkeiten; wo Du Dich jedoch engagierst, bist Du zuverlässig und verantwortungsbereit. Du kennst keinen Absolutheitsanspruch. Neue Erkenntnisse und neue Entscheidungen sind Deine Sache.

Deine Gefahren sind Gutgläubigkeit und mangelnder Überblick, die zu Enttäuschungen und in der Folge zu hilflosem Protest, allgemeinem Mißtrauen, beliebigen Entscheidungen oder Dogmatismus führen können.

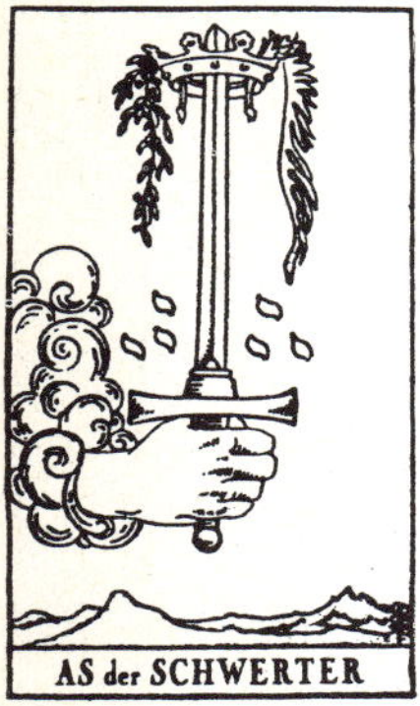

Genialität · Erleuchtung

Die Quintessenz des Elements Luft. Zugehörig sind die drei Luftzeichen Zwilling, Waage *und* Wassermann.

Das Schwert-As steht für geistige Energie in reiner, konzentrierter Form. Es geht um die Elektrizität, die die Gedanken knistern läßt. Wie ein Adler siehst Du die Dinge deutlich und scharf im einzelnen wie in ihren Zusammenhängen. Die Weite des Himmels, die Nähe zur Sonne und eine große Liebe zur Erde sind Dein Reich, in dem Du Grenzen überfliegst, vertraute und unbekannte Punkte erreichst. Du blickst in Abgründe und gerätst in Unwetter. Und Du fliegst weiter, voller Hingabe an Dein Element. Die Karte signalisiert eine geniale, freie Sicherheit, die Du in Deinem Leben verwirklichen kannst.

Jedes Ding hat seine sprichwörtlichen zwei Seiten; für das zweischneidige Schwert gilt dies erst recht. Freiheit — Ordnung, Selbsterkenntnis — Hingabe, Originalität — Anpassung, Klarheit — Verantwortung sind einige der Dimensionen des luftigen Schwert-Reiches. Auch mit ihren Kehrseiten wirst Du konfrontiert: Chaos — Erstarrung, Selbstsucht — Aufopferung, Spinnerei — Konformismus, Arroganz — Unverbindlichkeit. All das und anderes mehr macht Deinen Flug bisweilen zu einem Auf und Ab wie auf einer Achterbahn.

Gerade das Erleben der Gegensätze aber ist es, das Deine Klarheit stärkt und Dir ein Bewußtsein von der Einheit der Welt geben kann. „Wenn Du über Dich hinausgesehen hast,/ Wirst Du vielleicht finden, daß tiefer Frieden auf Dich wartet./ Und die Zeit wird kommen, da Du einsiehst, wir sind alle eins,/ Und das Leben fließt in Dir und ohne Dich." (Beatles, Within You Without You). Die Erfahrungen des Einsseins sind Momente der Erleuchtung. Sie krönen Dich mit einer Gelassenheit, Offenheit und Freundlichkeit, die Dich auch durch Zeiten der Verhärtung, des Kampfes oder der Erstarrung hindurchführen.

Ambivalenz · Unentschiedenheit

Waage *sieht die Vielfalt und will Balance halten.* Mond *steht für die Macht der Stimmungen und Schwingungen.*

Du hast die Waffen des Geistes — Analyse und Intuition — ergriffen; das Meer der Gefühle und Instinkte ist Dir nah und vertraut; wie schwer ist es da (oft), zu klaren Entscheidungen zu kommen! Handeln kann Flucht bedeuten, Abwarten jedoch Stillstand. Du hast Deine Meinung, ja — aber andere Standpunkte sind nicht weniger begründet. Man muß sich einerseits entscheiden, andererseits aber doch auch abwägen, ausloten. Es gibt ja nicht nur Schwarz und Weiß. Und jede Medizin kann schließlich auch Gift sein und umgekehrt…

Die Ambivalenz, Mehrdeutigkeit und Widersprüchlichkeit, gehört zum Leben wie das Auseinander und Zusammen des Herzschlags. Laß Dich von der Fülle unterschiedlicher Erfahrungen nicht entmutigen. Versteck Dich nicht hinter Unentschlossenheit oder Koketterie.

Es gibt kein absolutes Richtig oder Falsch, wohl aber das, was für Dich jetzt richtig ist. Tu, was Du zu tun hast: „Qui vivra verra." („Wer lebt, wird sehen.")

Bewahr Dir Deine Empfänglichkeit für das Einerseits — Andererseits, für die Zwischentöne. So wird Dein Wissen und Bewußtsein zusammen mit Deinem Herzen wachsen. So erhältst Du Dir Deinen ganzen Erfahrungsschatz. Andersherum kommt ein unproportioniertes Wachstum heraus: großer Kopf und kleines Herz oder umgekehrt, mit festen Rollen, Standpunkten und Mauern, die Dich zunächst schützen, aber das Leben fernhalten.

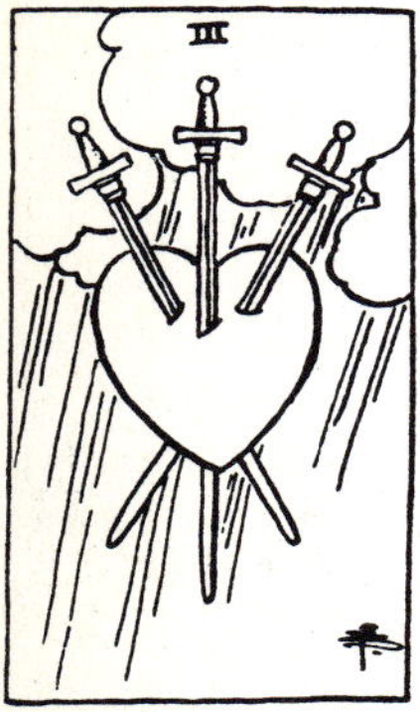

Lernprozesse · „Herz ist Trumpf!"

Waage *erkennt beide Seiten an.* Saturn *kommt auf den Punkt.*

Drei Schwerter durchbohren das Herz und können Schmerz und Verletztheit bedeuten, die Du erleidest. Sie können auch Haß, Neid, Verletzung anzeigen, die Du aus Deinem Herzen gegen andere wachsen läßt, die Dich aber auch selbst verwunden. Zwei Seiten arbeiten hier gegeneinander: vielleicht Deine Umgebung und Dein Inneres, vielleicht Dein Kopf und Dein Gefühl, vielleicht Wunsch und Wirklichkeit — oder anderes.

In diesen Fällen sagt Dir die Karte: es gibt eine Lösung, aber Du nimmst sie noch nicht wahr. Mach aus Deinem Herzen keine Mördergrube. Zieh die Schwerter raus und stell sie in die Ecke, oder nutze sie so, wie es Dir wirklich gefällt. Hol Dir Hilfe und laß die Zeit für Dich arbeiten. Jedenfalls laß Dein Herz durch die ganze Angelegenheit (noch) stärker werden und wachsen.

Zum anderen geht es hier um Deine Bereitschaft, mit Problemen produktiv umzugehen. Du kannst Schmerzen in Deinem Leben nicht generell vermeiden. Manchmal kann es auch wichtig sein, einen Schmerz durchzuleben. Nicht Fatalismus oder passive Hinnahme ist damit angesagt, sondern die grundsätzliche Anerkennung des Lebens mit seinen Gegensätzen, wie Herz und Schwert. Dazu gehören auch die Anerkennung Deiner eigenen schwachen Seiten und die Bereitschaft, Dir und anderen zu verzeihen, nicht perfekt zu sein.

Konzentration · Frühe Erstarrung

Waage *findet ihr Gleichgewicht.* Jupiter *steht für inneren Reichtum und Erweiterung des Bewußtseins.*

Diese Karte steht für Ruhe, Konzentration, innere Sammlung und Reifung. Sei es, daß Du viel getan und erlebt hast, was Du nun zu verdauen hast. Sei es, daß wichtige Ereignisse vor Dir stehen. Wie ein Sportler, Redner oder Musiker, der eine Übung schon hundertmal vollbracht hat, sich jedoch jedesmal erneut konzentrieren und bereit machen muß.

Im umfassenderen Sinn steht die Karte für die notwendigen Phasen der Einkehr, Besinnung und Meditation. Die Betonung liegt auf geistigem Wachstum und Reifung, auf der Erfahrung des Unterschieds von Haben, Machen und Sein. Die selbstgewählte Distanz zum geschäftigen Trubel ermöglicht dem inneren Wissen, zutage zu treten.

Umgekehrt kann die Karte auch anzeigen, daß Du Dich von bestimmten Erfahrungen abgeschottet hast. Du stellst Dich bestimmten Dingen gegenüber tot oder läßt sie nicht an Dich herankommen. Vielleicht um Dir eine innere Stabilität zu bewahren, vielleicht für eine Karriere, vielleicht weil es so Brauch ist. Dann ist es jetzt Zeit, wachzuwerden und aufzustehen. Die Klarheit, die Du Dir erworben hast, gibt Dir die Möglichkeit, Dich jetzt weiterzubewegen und Dich in das bunte Leben einzugliedern.

Frische Brise · Halbwissen

Wassermann *sprengt Ketten und schafft Neues — und Schönes unter dem Einfluß von* Venus.

Du ergreifst die Schwerter und meldest Dich zu Wort, auch wenn Deine Überzeugung oder Theorie nicht ausgereift oder perfekt ist. Das ist gut so. Denn wieviel Macht unserer Vorgesetzten, Ordnungshüter und Geistes-Instanzen beruht nicht auf bewährter Autorität, sondern bloß auf unserer übergroßen Geduld, unserer unanständigen Ohnmacht.

Daß Du Dich erst einmischen sollst, wenn Du es mindestens 100 % besser weißt, ist gerade das ermüdende Argument der professionellen Besserwisser. Eine gesunde Frechheit bewahrt Dich davor, Dich zu Unrecht klein zu machen.

Umgekehrt gibt es kaum etwas Ätzenderes als nutzlosen Streit auf der Basis von Halbwissen, Spekulation oder Wichtigmacherei. Damit verletzt Du nicht nur die anderen, sondern Du stehst im Endeffekt allein und im Regen, mit einem schlechten Geschmack im Mund.

Orientierung · Veränderung

Wassermann *kennt die Richtung.* Merkur *erforscht das Neue und verbindet es mit dem Alten.*

Du bist aufgebrochen und zusammen mit anderen unterwegs. Die sechs Schwerter können Ballast oder nützliche Ausrüstung sein — so wie die Personen sich gegenseitig unterstützen, z.B. abwechselnd fahren und ruhen, aber auch sich wechselseitig auf einseitige Rollen verpflichten können. Alte und neue Erfahrungen mischen sich. Du gewinnst neue Orientierungen aus der Verarbeitung des Alten, das jedoch noch weiter wirkt. „ich bin/ an mauern/ entlang gewachsen/ die steine/ hab ich/ zertrümmert/ aber/ ich trage/ noch lang/ ihr muster". (H.C. Flemming)

Du bist immer auch Schöpfer Deiner Umgebung, verantwortlich für das, was Dir geschieht, nicht einfach Opfer von Verhältnissen. Je mehr Du dies auf dem Hintergrund Deiner Erfahrungen anerkennst, desto mehr kannst Du von altem Leid und ungeliebten Mustern Abschied nehmen. Nicht von Leid oder Mustern überhaupt, aber „es wird nie mehr so sein wie früher", wenn Du willst. Du kannst Dich selber immer besser kennenlernen und alle Ruhe und Orientierung in Dir finden. Sei wach für die Ereignisse. Gib Dir Rechenschaft und bleib Dir Deiner Absichten bewußt.

Klärung · Selbstbetrug

Wassermann *blickt durch.* Mond *gibt Kraft aus Träumen und Unbewußtem.*

Du nimmst Dir, was Du brauchst; was Du nicht brauchst, läßt Du stehen; und Du gehst Deinen Weg. Du hast erkannt, daß Du vielen Ärger und viele Kämpfe nur deshalb auszufechten hattest, weil Du zuwenig Mut für Deine Träume hattest, und daß der Mut immer schwächer wurde, je länger Du aus Angst vor der eigenen Courage nicht loskamst. Alle wichtigen Schlachten trägst Du in Dir selbst aus. Du hast Dich für Dich entschieden und damit den Weg frei gemacht. Da steckt ein gutes Stück Mut drin, aber vor allem die verständnisvolle Einsicht, daß Du Dir selbst am besten helfen kannst und daß es so am einfachsten und effektivsten zugleich geht. Merk Dir jetzt, wo Du herkommst, aber guck nach vorn. Betone jeden Schritt.

In einer anderen Situation signalisiert die Karte eine Selbstüberlistung, einen Pyrrhos-Sieg. Du nimmst Dir, aber etwas bleibt zurück, das Dir fehlen wird. Du hast Mut, zu kämpfen und auch zu siegen, aber was wolltest Du eigentlich erreichen? Was nützen Dir schöne Erfolge, wenn Du Dich damit vom Leben, vom Zentrum oder von Deinem Zuhause entfernst? Selbstentfremdung in der Pose des Siegers.

Chance · Gefahr

Zwilling *erkennt sich in seiner Umwelt.* Jupiter *steht für reiche Talente und Rückbindung an den Ursprung.*

Du schaust nach innen und trennst Dich von üblichen, bisherigen Beurteilungen. Du hast ein rundes, solides, ausgereiftes Wissen in Dir. Du mußt es nur zulassen. Du brauchst nichts Besonderes zu machen. Hör auf, (extra) zu handeln. Weisheit und Klarheit ruhen in Dir.

Oder: Dir wird bewußt, daß Du viele Fähigkeiten besitzt, selbst aber gefesselt bist. Du hältst Dich in Deinen Vorstellungen gefangen. Irgendetwas stimmt nicht mit dem Bild, das Du Dir von Dir gemacht hast. Warte nicht auf Hilfe von außen. Du entscheidest über Deine Freiheit.

„Es gibt Gedanken, die Du nicht begreifen kannst, ohne Dein Leben zu verändern." (Werner Sprenger). Zum einen kann es darauf ankommen, daß Du Deine Geistesgaben anerkennst und begreifst. Such Dir ein Terrain und Aufgaben, wo Du Deine Kräfte ganz und fruchtbringend einsetzen kannst. Zum anderen kann es Dein Handeln sein, das Dich fesselt. Sei es, daß ein Automatismus von Aktion, Ergebnis, Aktion Dich Dir fremd macht. Sei es, daß mit Deinen grundlegenden Absichten schon länger etwas nicht stimmt, was jetzt auf Dich zurückschlägt. Zieh Bilanz und such einen neuen Anlauf.

Erwachen · Verzweiflung

Zwilling *erkennt sich in seiner Umwelt.* Mars *kann mit großer Energie zerstören oder aufbauen.*

Dir dämmert's. Du wirst wach. In das Dunkel bricht Klarheit. Es ist nicht zu fassen. Du bist, der/die Du bist. Das ist so einfach, daß es kaum zu begreifen ist. Das Blendende, das Erschreckende (tremendum) nannten die alten Propheten ihre Entdeckung des Heiligen. Du bist, der/die Du bist. Nimm's an! Du wirst mit Wachheit, Klarheit und Helligkeit konfrontiert. Gewöhn Dich daran ohne Druck. Entspann Dich. Deine Freiheit ist keine Bürde, sondern eine Verpflichtung nur an Dich selbst. Was immer geschieht, sei bereit, so zu sein, wie Du gerade bist. Wie Du bist, so ist es gut. Sei bereit, ganz da zu sein, aus Dir heraus zu handeln und auf das, was geschieht, Antworten zu geben. Das ist Deine Verantwort-ung. Du brauchst es keinem recht zu machen außer Dir. Keine Vorbilder, Ideale, Normen, die wichtiger wären. Du brauchst nichts zu beweisen. Sei Dein/e Freund/in und liebe Dich.

Die andere Seite: Dir dämmert's. Du schreckst auf. Es ist dunkel geworden. So geht's nicht weiter. Du mußt aufstehen und aussteigen, wenn die jetzige Situation nicht Dein Gefängnis oder Deine Gruft werden soll. Lange genug bist Du falschen Vorstellungen nachgerannt. Es ist zum Verzweifeln. Du weißt kaum noch, was Du willst, wer Du bist. Aber die Entwicklung ist noch umkehrbar. Du hast in der Vergangenheit gewählt und kannst jetzt und in Zukunft neu wählen. Steh auf!

Die Karte kann Dich zuerst auch an eine Verantwortung gegenüber anderen erinnern, die Dir bewußt wird. Aber auch dem liegt letztlich zugrunde, ob und wie Du Dich selbst annimmst.

Sieg · Selbstaufgabe

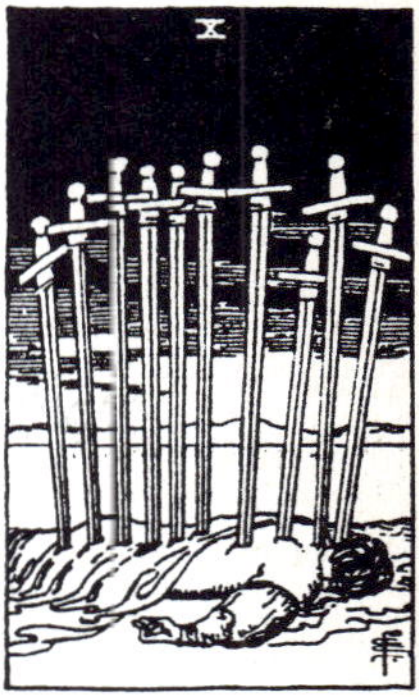

Zwilling *erforscht, wie es wirklich funktioniert.* Sonne *gibt größte Power.*

Am Boden liegt Deine bisherige Selbst-Definition, Dein Ego, das Bild, das Du Dir bisher von Dir gemacht hast. Vielleicht ist auch eine bestimmte Vorstellung von Beruf, Liebe oder Erfolg gestorben. Das kann sehr schmerzhaft, erschütternd oder befreiend sein. Jedenfalls, Du SELBST lebst. Nimm Dich wie Du bist. Es gibt viele „richtige" Berufe, Lieben und Erfolge.

Ein alter Zen-Spruch sagt: „Triffst Du Buddha, töte ihn!" Räum alle Idole und Autoritäten sowie alle aufgesetzten Selbst-Ideale aus dem Weg. Nimm Deine Stärke und Deine Freiheit in Besitz. Es geht eben nicht um Selbstaufgabe oder Aufopferung, sondern um die Hingabe an Dich selbst. Akzeptier Dich ohne bestimmte Vor-Erwartungen und Vor-Urteile. Der Tod der unfruchtbaren Träume, Vorstellungen und Theorien läßt einen neuen, strahlenden Horizont aufziehen. An die Stelle von festen Konzepten, ständiger Kontrolle und Rechtfertigung tritt die Fähigkeit, den Augenblick anzunehmen, in der Situation zu entscheiden und zu antworten. Wach sein für die Erfordernisse des Augenblicks ist dasselbe wie Dich immer wieder annehmen. Es ist wie eine Liebeserklärung an Dich selbst.

Andererseits kann die Karte zeigen, daß Du lieber an alten, untauglichen Vorstellungen festhältst, auch wenn sie Dich ruinieren. Stärke und Entschiedenheit als Selbstzweck führen zur Selbstaufgabe. Auf die Art kannst Du funktionieren wie eine Maschine mit Entscheidungscomputer. Aber Du bist schon lange tot, bevor Du stirbst. Du mußt lernen, Dich selbst zu spüren, Dir die/der beste Freund/in zu sein, Vereinbarungen mit Dir zu treffen und hindernde Verpflichtungen aufzubrechen.

Münzen

Münzen vertreten das Element Erde. Münzen, auch Pentakel, Scheiben oder Sterne genannt, stehen für den Körper, körperliches Erleben, praktische Fähigkeiten und angewandte Talente, Wissensgebiete und Künste, für die konkrete materielle Lebensgestaltung und Einrichtung der Umgebung. Die Welt der Münzen ist die Welt der Ergebnisse, Fakten und Produkte. Münzen handeln von Deinem Verhältnis zu Arbeit, Natur und Gemeinwesen, von Erdverbundenheit, Bodenständigkeit, Selbstbewußtsein und Sicherheit.

Die Themen der Münzen werden oft unterbewertet. Z.B. wenn „Natur" irgendetwas Fremdes bedeutet, Marke rauschende Wälder und Gebirgsbach, so als wäre nicht jede/r ein Teil und eine Form der Natur und der Materie. Oder das alte Lied, mit Blick auf das Jenseits, von der Vergänglichkeit aller körperlichen und irdischen Vergnügen, so als wäre die Materie selbst nicht unendlich oder als wäre ihre Gestaltung unerheblich.

Auf der anderen Seite die Überbewertung der Münzen als Überbewertung von finanziellem und materiellem Reichtum, auch als einseitige Behandlung des Körpers, der z.B. bei einer Krankheit kuriert wird, ohne daß die anderen Seiten – Wille, Seele und Geist – beachtet werden. Tatsächlich bilden alle vier Seiten zusammen die Person, genauso wie die Natur aus allen vier Elementen besteht und wie die Aneignung und Gestaltung aller vier Qualitäten Voraussetzung und Aufgabe von Lebenskunst und Kultur ist.

Sternzeichen:

Stier, Jungfrau, Steinbock

Planeten:

Venus, Merkur, Saturn

Temperament:

Phlegmatiker

Bewegung/Haltung:

Begrenzt

Große Karten:

I-Der Magier
III-Die Herrscherin
V-Der Hierophant
IX-Der Eremit
XV-Der Teufel
XXI-Die Welt

Motto:

„Leben, einzeln und frei wie ein Baum
und brüderlich wie ein Wald,
das ist unsere Sehnsucht!"
(Nazim Hikmet)

Leben aus der Mitte · Wurzelkraft

Steinbock *kennt seine Berufung.* Saturn *konzentriert sich auf das Wesentliche.*

Du kennst die Kraft der Erde und die Macht der Natur. Du lebst aus dem Bauch heraus, verwurzelt und leidenschaftlich. Die Zyklen von Kommen und Gehen, von Geburt, Leben und Tod sind Dir praktisch vertraut. Eine tiefe Zuneigung zu den Menschen und der Natur zeichnet Dich aus. Du kannst hart arbeiten und in großen und kleinen Dingen buchstäblich aus dem Nichts Blüten und Früchte schaffen. Du verfügst über eine große Energie, die aus dem schöpferischen Umgang mit der Materie entspringt, eine Energie, die praktisch, geerdet, zielgerichtet und bestimmt ist.

Du lebst aus Deiner Mitte. Das gibt Dir viel Wärme und eine erotische Ausstrahlung. Du besitzt detaillierte Kenntnisse und eine zupackende Vor-Sicht. Du weißt, was Sache ist, und kannst sehr hartnäckig sein. Du bist anteilnehmend und aufmerksam. Dabei kannst Du Grenzen ziehen und akzeptieren. Du weißt, daß alles seine Zeit hat, daß jedes Ding seinen eigenen Verlauf nimmt, den man durch Einmischung, Hektik oder Beschwörung doch nicht ändern kann. Wer von Dir beschützt wird, kann sich ohne Sorge bewegen, Du trägst Verantwortung für sein Wohlergehen wie Eltern für ein Kind.

Deine Verwurzelung kann sich aber auch in Passivität, notorischer Langeweile oder Trägheit ausdrücken. Du vermeidest dann Risiken, siehst links und rechts keine Alternativen mehr und bleibst kleben.

Genuß · Sicherheit

KÖNIG der MÜNZEN

Stier *genießt das praktische Tun.* Venus *ist sinnlich, konkret und schön.*

Du bist eine schöpferische Persönlichkeit, erdverbunden, sicher und klar, mit einer großen Freude am Herstellen und Wachsenlassen. Du bist ruhig, zielstrebig, witzig und genießerisch. Du sorgst für klare Verhältnisse und eine solide Basis, auf der Leben und Beziehungen gedeihen können. Liebe geht Dir durch den Magen und durch alle Poren. Mit allen Sinnen erlebst und gestaltest Du Deine Umgebung. Wissen, Künste und Talente bringst Du konkret in den Alltag und die Gemeinschaft ein. Die Praxis ist für Dich das Entscheidende. Du schaffst für Dich und andere eine Atmosphäre von sinnlichem Genuß, von Geborgenheit und Freude.

Deine Bodenständigkeit gibt Dir Kraft und Ausdauer. Du weißt Dich Deinen Mitmenschen verbunden, ohne Deinen eigenen Bereich dadurch einzuengen. Du weißt, daß letztlich überall mit Wasser gekocht wird. Aus all dem besitzt Du eine persönliche Sicherheit, die auf jede künstliche Profilierung verzichten kann, sowie eine unvoreingenommene Hinwendung zu Freunden, Kollegen und Nachbarn. Du bist hilfsbereit. Du kannst eine Gemeinsamkeit und Nähe schaffen, in der keine Persönlichkeit untergeht, in der auch die nötige Distanz gewahrt bleibt.

Deine Erdverbundenheit kann aber auch dazu führen, daß Du im alltäglichen Getriebe versinkst. Deine Persönlichkeit leidet dann, und Du bist kaum noch zu sehen. Du verlierst Überblick und Zusammenhang. Du stürzt Dich schlimmstenfalls noch mehr ins Gemenge, mit einer Mischung aus Sturheit und Selbstverlorenheit.

Ausgeglichenheit · Wohlbehagen

Jungfrau *ist realistisch und einfühlsam.* Merkur *verbindet Körper, Geist und Seele.*

Du bist eine kraftvolle, gelassene Person. Du stehst in oder vor bestelltem Land und kannst die Dinge wachsenlassen. Eine angenehme Lebenssituation, die auf Deiner praktischen Lebenseinstellung beruht und darauf, daß Du bei Dir bist. Du lebst unbeeinflußt von aufgesetzten Idolen, die Dich von Deinem Kern abziehen würden. Du weißt, Du lebst nur hier und jetzt, und für Dich ist entscheidend, daß Du das angenehm und behaglich machst. Deine Stärken sind die Freuden des Alltags, das konkrete Extra, ein persönlicher, „angemessener" Luxus. Du richtest Dir eine entsprechende Umgebung ein und sorgst für Dein leibliches Wohl. „In dieser Welt lebst Du mit Deinem Körper. Liebe ihn!... Es ist nicht unwesentlich, ob Du in dieser Welt gut oder schlecht lebst." (Luisa Francia).

Die Freuden des Münz-Ritters erwachsen aus seinem Verständnis der natürlichen Grenzen und der Einheit allen Lebens. „In der Beschränkung zeigt sich der Meister", und das gibt Dir eine Reife, die es Dir ermöglicht, loszulassen und Dich fallenzulassen. Du gewinnst dadurch eine beglückende Ruhe und Harmonie.

In Deiner Lebenseinstellung liegt aber auch die Gefahr, daß Du vorschnell aufgibst und Dich unnötig bescheidest. Anstatt unangemessene Grenzen zu durchbrechen, beschleicht Dich dann ein Gefühl von Ohnmacht, sinnloser Routine oder ewiger Plackerei.

Tochter/Sohn der Erde

Münz-Bube ist wie die ruhende Erde an einem klaren Wintertag. Er steht im Zeichen der Wintersonnenwende *am 20./21. 12., mit der der* Winter *und das Sternzeichen* Steinbock *beginnen.*

Du bist eine ruhige, klare Persönlichkeit mit einem erfahrenen und beweglichen Gemüt. Du kennst die Kraft der Natur und die Macht des Schicksals, deren Unerbittlichkeit und Extreme, aber auch deren Ruhe und Auflösung. Du hast „diese schöne Gelassenheit, die daraus erwächst, daß man die Dinge sein läßt, wie sie sind" (Gina Ruck-Pauquèt). Deine Münze hast Du von der Mutter Erde als Geschenk erhalten. Du achtest sie, untersuchst sie und spielst mit ihr. Du hast Freude am schöpferischen Umgang mit der Materie. Einen Spaziergang durch die Wiesen machst Du zu einem Abenteuer voller Entdekkungen. So hältst Du es auch mit Deinen Beziehungen und Begegnungen. Ruhig und zugewandt kannst Du formen und wachsenlassen, genießen und im gegebenen Moment Abschied nehmen. Praktische Neuigkeiten und neue Ergebnisse sind Deine Sache.

Gefahren entstehen Dir, wenn Du mit Deiner Münze nur unverbindlich herummachst. Du wirst dann entschlußlos, unselbständig und enttäuscht wie ein verwöhntes Kind.

Paradies · Deine Mitte

Die Quintessenz des Elements Erde. Zugehörig sind die drei Erdzeichen Stier, Jungfrau *und* Steinbock.

Das Münz-As steht für Kraft und Gewicht der Materie, für die in sich ruhende Energie der Erde. Es ist eine runde Sache, in sich unendlich wie der Kreis oder die Materie selbst. Es verweist auf Deine Erdverbundenheit sowie auf die Blüten und Früchte, die Dein Know-how wachsen lassen kann. Die Karte signalisiert ein glückliches, rundes Leben mit allem, was Du auf dieser Erde brauchst.

Deine Bodenständigkeit gibt Dir die Fähigkeiten des Pragmatismus, des Realitätssinns und des schrittweisen Vorgehens. Darin liegt die Gefahr, daß Du dich unnötig bescheidest, Dich fantasielos und stur in ausgetretenen Pfaden bewegst. Das kann bis zu Trägheit und Ohnmachtsgefühlen oder bis zu Starrsinn und Borniertheit führen. Andererseits kann Dir Deine Erdverbundenheit jedoch auch die Kraft geben, fantastische Einfälle, Abenteuerlust, Geistesblitze usw. in gute, reale Ergebnisse umzusetzen, mit langem Atem, zuverlässig und geduldig. Wenn Du „geerdet" vorgehst, kannst Du ausdauernd und effektiv handeln, ohne von Perfektionismus geplagt zu werden. Du hast dann die glückliche Gabe, eine Sache sowohl anfangen und durchführen, wie auch beenden und loslassen zu können. Damit vermeidest Du die häufig anzutreffende Spirale von Hektik und Erschöpfung. Du hast gute Voraussetzungen, aus Dir heraus zu handeln. Wenn Du die Kunst beherrschst, zu schlafen, wenn Du müde bist, und zu essen, wenn Du hungrig bist, dann kannst Du Paradiese erleben, hier und jetzt, die nichts mit einem Schlaraffenland zu tun haben, sondern sehr konkret und ganz real sind. Du findest immer wieder Deinen Mittelpunkt in den Gegensätzen von Haben – Sein, Machen – Sein, Nähe – Distanz, Arbeit – Freizeit, Theorie – Praxis u.a.m. Du hast Deine eigene Kraft in der Hand, ruhig, rund, konzentriert und ausgeglichen.

Eingebundene Balance
Unendliches Spiel

Steinbock *lebt aus seiner Mitte.* Jupiter *bringt Glück und Reichtum.*

Du bist dicht an den Wurzeln der Natur. Du erlebst viele große und kleine Wunder, über die Du Dich freuen kannst. Das Gute liegt im Einfachen. In Deiner Umgebung findest Du immer wieder Dinge, die Dich interessieren, die Du erforschen willst. Geh Deiner Lebenslust nach, laß die Münzen rollen. Du bist Teil eines unendlichen Spiels, bewegt und aufgehoben. Behalte Deine Freude und sichere Zufriedenheit. Du bist im Gleichgewicht, Du hältst die Balance.

Manche sagen Dir nach, daß Du unvernünftig bist, doch kann das sehr vernünftig sein in einer Umgebung, die so „vernünftig" unvernünftig ist. Laß Dich nicht beirren, wenn Du erlebst, daß unsere kultivierte Welt oft nur aus Fassaden besteht. Du weißt vom Auf und Ab im Leben. Du kannst durch Deine spielerische und offene Art dazu beitragen, daß Unechtes bröckelt. Geh weiter, laß Dich nicht als Narr abstempeln, bleib weiter auf Deinem Weg.

Die Karte kann auch bedeuten: Spiel nicht unverbindlich herum, verspiel Deine Talente nicht. Achte auf Deine Mitte und Dein Selbstgefühl. In jedem Spiel steckt auch ein Stück Ernst.

Berufung · Arbeit

Steinbock *kennt seine Berufung.* Mars *gibt seine starke Energie dazu.*

Du verstehst Arbeit nicht nur als notwendiges Übel, das Kraft kostet. Sie ist für Dich auch Erfüllung und Genuß. Wie der Steinmetz, der totes Gestein in lebendige Formen verwandelt, bringst Du in Deine Arbeit Deine Kraft, Dein Können, Deine Kreativität und Deine Interessen ein. Du brauchst eine solche Arbeit. Sie wird sich nicht immer mit Deinem Broterwerb decken. Wenn sie jedoch Dein Ausdruck, Dein spezifischer Beitrag ist, dann kannst Du damit immer auch Geld verdienen oder eine vorhandene Erwerbstätigkeit zu Deiner eigenen Sache machen.

Arbeit hat für Dich eine andere Dimension als ein Routinejob laut Dienstvorschrift. Aber nicht wie bei einem Arbeitswütigen, der in blindem Eifer versucht, durch seine Arbeit einen Sinn zu finden. Du folgst Deiner Berufung und findest eine sinnvolle Arbeit. Dein Engagement führt zu einer anderen Art von Arbeit. Weniger Streß, Langeweile und Verschleiß. Ab einem bestimmten Punkt sind nicht mehr bloß das Endergebnis oder irgendwelche Termine wichtig, sondern der Arbeitsprozeß als ganzer ist von Bedeutung. Arbeit wird auch zu Spiel und Abenteuer, zu Lernen und Lehren, zu Vergnügen und Kunst. Du erfährst, daß Dein Beitrag in einem größeren Ganzen eingebettet ist und wirkt; daß auch nebensächliche oder „niederrangige" Tätigkeiten einen bedeutungsvollen Teil Deiner Arbeit ausmachen.

So oder so kann die Karte Dir Anstoß geben, über Form und Ausmaß Deiner Arbeit nachzudenken. Ob und wie Du arbeitest, ist nicht selbstverständlich oder vorgegeben. Eine Arbeit mit Berufung ist wie eine gelebte Leidenschaft. Du kannst sie verfehlen, wenn Du versuchst, Dein Leben auf Freizeit und Rente zu beschränken. Du kannst sie aber auch totreiten, so wie eine abwechslungslose Bestellung den Acker auf Dauer ruiniert.

Auszeichnung · Stolz

Steinbock *hat Ergebnisse geschaffen.* Sonne *spendet Energie und Wärme.*

Ergebnisse und Erfolge. Du kannst etwas und hast etwas, das Dich in Deiner persönlichen Eigenart auszeichnet. Mit Deinen Kenntnissen und Fähigkeiten hast Du Dir einen befriedigenden Besitz, eine solide Basis geschaffen. Sie sind Ergebnisse Deiner Arbeit, Deines Könnens, Früchte Deiner Energie und Deiner Persönlichkeit. Genieße Deine Qualitäten, und steh zu Deinem Können. Vielleicht sitzt die Person deshalb etwas geduckt und hantiert mit der Münze, weil sie dem noch nicht ganz traut. Die Erziehung zur Bescheidenheit hat vielen Angst vor dem Erfolg eingeimpft. Diese Bescheidenheit nützt keinem/r. Die Karte zeigt auf Fähigkeiten, auf denen Du sicher stehst, und auf Talente, die Dich krönen. Du kannst mit Recht stolz darauf sein.

Können kann umgekehrt auch zu Kopfe steigen. Stolz als Hindernis. Du hältst krampfhaft fest, grenzt Dich von anderen ab. Kein Risiko mehr. Du kannst die Umgebung nicht erforschen, nicht auf andere zugehen. Du bleibst kleben. Statt Vielfalt und innerer Sicherheit: Langeweile, Trägheit, immer die gleichen Medaillen, die Du vorweist. Doch „in schön tapezierten Wänden/ sollst Du nicht enden." (Ina Deter).

Zerrissenheit · Umbruch

Stier *schafft sich Geborgenheit, auch wenn er sich manchmal selbst verliert.* Merkur *bringt neues Wissen.*

Eiszeit. Eine Situation der Kälte, Krankheit, Verlorenheit, Verwirrung oder Erschöpfung. Wenn Dir etwas fehlt, fehlt es Dir am ganzen Körper. Ein Gefühl von Streß, Zerrissenheit. An Wärme, Licht und Zufriedenheit läufst Du vorbei. Aber sie sind da. Du stehst bereits in einem Umbruch. Die Mauern gründen im Nichts: sowohl die Mauern, die Dir bisher Sicherheit oder ein Zuhause gaben — sie haben sich als trügerisch erwiesen; ebenso die Mauern, die Dich von Ruhe, Glück und Angekommensein fernhalten — sie sind nicht ewig oder unüberwindlich.

Fang an, Deine Zerrissenheit oder Deine Suche zu akzeptieren. Es gibt keine perfekten Endergebnisse, auf die Du warten müßtest. Der Streß, den Du schmerzhaft spürst, ist ein Umweg, auf dem sich Dein Selbst wieder bemerkbar macht. Wie ein warmer Glanz scheint es jetzt durch eine kalte Wand von Pflichten und Nöten durch. Halt Deine Wärme, Dein Funkeln nicht wie in einem Kühlschrank verschlossen. Laß sie auf die ganze Bildfläche ausstrahlen. „Das Selbstbewußtsein ist/ manchmal nur eingefroren/ und kommt zum Leben,/ wenn man's auftaut." (Wolfgang Ambros). Du *bist* berechtigt, glücklich zu sein. Fang an, gut zu Dir zu sein. Pfleg Dich. Verwöhn Dich und laß Dich verwöhnen. Mach es Dir bequem und richte Dein Leben danach ein.

Wenn Du irgendwo draußen Nöte und Sorgen wahrnimmst, dann sei mitverantwortlich. Halte Deine Wärme nicht auf Deinen kleinen Rahmen begrenzt. Du brauchst auch klare Verhältnisse in Deiner Umgebung. Denn was Du draußen siehst, ist auch in Deinem Innern.

Geben & Nehmen

Stier *sorgt für klare Verhältnisse.* Mond *steht für die Kraft der Träume.*

Alles Gute kommt nicht von oben, sondern von Dir selbst. Für Dich ist inneres Gleichgewicht sehr wichtig. Ebenso brauchst Du klare Verhältnisse in Deiner Umgebung, in Deinen Beziehungen. Ein bestimmtes Maß an innerer und äußerer Harmonie ist Dir ein körperliches Bedürfnis. Wenn Du zu Dir freundlich bist, kannst Du Deinen Mitmenschen mit Zuneigung begegnen. Du entdeckst die Freude am Geben. Mit kleinen Gesten kannst Du überall, zu Hause, in der Straßenbahn, auf der Arbeit, einen Unterschied zum grauen Alltag setzen.

Die Freude am Geben: nicht dieses caritative Geben von Sachen, die Du selbst nicht benötigst; nicht dieses verklärte Selbstaufgeben im vermeintlichen Dienst an einer Sache oder Idee; nein, Dein eigenes Können, Deine Vorstellung, wie es schön und gut wäre, zum Besten geben; Deine Träume ernstnehmen und konkret etwas dafür tun. In diesem Sinne besitzt Du nur, was Du weggibst, was Du nicht für Dich behältst. Du entwickelst damit einen Einklang zwischen Deiner Umgebung und Deinen Vorstellungen und Idealen. Du schaffst eine Atmosphäre von Nähe und Austausch, in der sich die Unterschiede von groß und klein, stark und schwach verringern. Eine Situation, in der Du auch schwach sein kannst, ohne damit Stärke zu provozieren (und dasgleiche umgekehrt), eine Situation schließlich, in der Du ohne Skrupel oder Kniefall nehmen und empfangen kannst.

Was drinnen ist, ist draußen, und was draußen ist, ist drinnen. Wenn Du mit Dir selbst halbherzig umgehst, spiegelt sich das in Deiner Umgebung. Hartherzigkeit Deiner Umwelt gegenüber fällt auf Dich zurück. Höflichkeitsfloskeln, caritative oder kosmetische Korrekturen ändern da nichts. Sie sind zugleich Geiz und Selbstbetrug, für den Du bezahlst.

Bilanz · Festlegung

Stier *schafft klare Fakten und folgt ihnen.* Saturn *ist wie ein erfahrener Alter, der nur durchgehen läßt, was taugt.*

Egal, ob Du einen Berg Arbeit vor oder hinter Dir hast, hier geht es um eine Bilanz Deiner bisherigen Ergebnisse und die Festlegung neuer Ziele. Bist Du mit Deinen Ergebnissen zufrieden? Damit, wie Du gearbeitet hast? Deine Ergebnisse sind ein Spiegel Deines Lebens. Es zeigt sich, daß gefühlsmäßige oder gedankliche Klarheit letztlich nur so viel wert ist, wie Du sie in Resultate umsetzt, und ebenso, daß Deine Ergebnisse und Produkte nur dann Glück und Befriedigung bringen, wenn sie Ausdruck Deiner selbst sind.

Nutze die Reflektion, um auf den Punkt zu kommen, was für Dich wesentlich ist. Es geht nur weiter zu Ergebnissen, die sich für Dich lohnen, wenn Du Dich mit geltenden Beurteilungen auseinandersetzt und eigene Maßstäbe und Grundsätze findest. Hab Vertrauen in Deine Sicht der Dinge. Du kennst Dich am besten und weißt, was Du brauchst. Das Risiko, das jeder Entschluß darstellt, kannst Du nicht durch Zögern mindern. Es gibt keine allgemeingültigen Richtlinien. Wenn Du von dem ausgehst, was Du jetzt weißt und willst, kannst Du nichts falsch machen. Wie immer die nächsten Ergebnisse aussehen mögen, Du wirst aus ihnen lernen und weitere Kenntnis beziehen. Leg los. Schaff Fakten. Laß Dich fallen!

Andere Möglichkeiten wären, ewig dasselbe zu wiederholen, ewig Neues anzufangen, skeptisch stillzustehen, einfach reinzuhauen, auf äußere Entwicklungen zu rechnen usw. Aber dann werden sich Deine Ergebnisse oder Nicht-Ergebnisse so oder so wie eine Mauer vor Dir türmen, Dich eingrenzen, und Du stehst da wie der Ochs vor'm Berg.

Ernte · Beschränkung

Jungfrau *beschränkt sich auf das, was sie braucht. Das verwirklicht sie auch.* Sonne *spendet Wärme und Energie.*

Die Mühen haben sich gelohnt. Reichliche Ergebnisse zeichnen Dich aus. Du kannst viel. Du hast lange gelernt und probiert. Du weißt jetzt, wie es geht. Du kennst Dein Metier, die Dir entsprechenden Inhalte und die passende Umgebung Deiner Arbeit, Deines Tuns; Du hast Deine Art, an eine Sache heranzugehen, Dein Tempo, einen eigenen Rhythmus. Das macht Dein Schaffen zu einem konkreten schöpferischen Vorgang.

Du bist ein/e Genießer/in. Du weißt, daß alles wichtig ist, nicht nur die Endprodukte, sondern auch die „Begleit"umstände. Du bist Dein Chef. Schritt für Schritt gehst Du vor. Deine Arbeit hat einen Charakter von Wachsenlassen, und Du wächst mit ihr. Das macht Dein Wirken angenehm und schafft reiche Ergebnisse, die sich wirklich lohnen. Eine Situation von persönlichem Überfluß: nicht jener Protz- und Verschwendungsluxus, sondern ein Überfluß an Wohlbehagen, verwirklichten Ideen und befriedigten Wünschen. „vieles war nicht nötig/ und gerade das/ wäre das nötigste gewesen" (Edith Vahrenhorst). Du verfügst über diese Kunst des Nötigsten, von der andere bestätigend sagen: „Der Mensch lebt für das Extra" (Bertolt Brecht) und „Wer nicht genießt, ist ungenießbar" (Konstantin Wecker).

Dein Können setzt Beschränkungen voraus. Solange Du Dich jeweils auf das konzentrierst, was für Dich angesagt ist, ist diese Beschränkung gerade Grundlage und Geheimnis Deiner Meisterschaft. Die Gefahr liegt in der Betriebsblindheit, in der bloßen Wiederholung von Bewährtem. Du sonderst Dich ab und siehst nicht mehr, was Du mit allen gemeinsam hast. Für ein solches Fachidiotentum steht die Karte auch. Prüfe, ob Du noch flexibel bist, bei Deinem Tun noch spielen, entdecken und genießen kannst.

Einklang · Einsamkeit

Jungfrau *lebt im Hier und Jetzt.* Venus *steht für die Schönheit des Lebens.*

Du lebst im Einklang mit Dir. Du fühlst Dich wohl bei Dir. Dein Glanz, Deine Ruhe, Deine wohlgedeihende Umgebung zeigen es. Du hast diese sichere Gelassenheit, die daraus erwächst, daß Du weißt, Du wirst immer haben, was Du brauchst. Denn alles, was Du brauchst, ist in Dir. Du lebst hier und jetzt, aus Deiner Mitte. Erst durch die Beschneidung kann die Rose ihre Schönheit entfalten: konsequent verzichtest Du auf unnötige Ideale, ungewollte Verpflichtungen und unverbindliche Experimente. Du bist bei Dir und läßt Dich fallen. Du wirkst wie ein Treibhaus. Du verwöhnst Dich gern. Du verstehst die Sprache der Tiere, Pflanzen, der Körper und Gesten. Um Dich herum kann alles wachsen und sprießen. Du bist Bewegung und Ruhe, Du bist fest und weich. Durch Deine Wärme und Vielfalt strahlst Du Geborgenheit und Erotik aus, bei Dir fühlt man sich wohl.

Andererseits kann die Karte auch Einsamkeit in prachtvoller Fülle anzeigen. Deine vielen Ergebnisse bringen Dir nicht von sich aus Glück. Entspann Dich. Genieße Dich. Halte Deinen Glanz nicht versteckt. Auch: Verharre nicht in einer Pose von Selbstgefälligkeit oder Eitelkeit.

Glück · Routine

Jungfrau *lebt im Hier und Jetzt.* Merkur *sorgt für Kommunikation und Austausch.*

Du findest Dein Glück, befriedigende Beziehungen und Dein Zuhause. Alles, was Du brauchst, ist da. Seelischer und materieller Wohlstand. Eine bewegliche Ausgeglichenheit. Eine Fülle von Möglichkeiten und Anregungen. Ein Bezugsrahmen, der ein klares Umfeld absteckt und in dem sich zugleich das ganze Universum spiegelt. Die Erfahrung von Verwurzelung und Ankunft: wo Du beheimatet bist, kannst Du Dich fallenlassen. Und wo Du dich fallenläßt, schaffst Du Dir Heimat.

Du folgst Deinem Stern. Erfahrungen von Dir und anderen fließen zusammen zu einem größeren Ganzen. Du weißt, daß Du nichts festhalten kannst, daß Veränderungen unvermeidlich sind und Möglichkeiten beinhalten. Du siehst, wie Dein Tun auf dem der Alten aufbaut und wie die Jungen es weiterführen. Ja, Zeit ist nur relativ. Du erkennst Dich selbst zugleich in dem Jungen und dem Alten. Keine Grenze, wo auf einmal Schluß ist. Nichts geht verloren. Nichts hält Dich ab, zu leben und Deinen Puls zu spüren, zu verweilen und zu gehen.

Kooperation, Austausch, gegenseitige Unterstützung und Kompromisse werden zu Grenzen, wenn sie nicht das Ergebnis, sondern ein Ersatz dessen sind, daß Du Deinen Weg gehst. Gegenseitiges Behüten und eingespielte Verhaltensregeln setzen Dir Schranken. Sie rufen wiederum das Bedürfnis nach der vermeintlichen Sicherheit fester Verhältnisse erst hervor. Es ist nur die Umkehrung davon, wenn Du Dich allein, isoliert und beziehungslos durch den Dschungel schlagen willst.

Die Zuordnung der Tierkreiszeichen und Planeten

Bei der Zuordnung der Tierkreiszeichen und Planeten zu den einzelnen Tarotkarten haben wir uns zunächst auf Billie Potts gestützt. Später fanden wir, daß Aleister Crowley, Lady Frieda Harris und andere Mitglieder des Golden-Dawn-Ordens annähernd dieselbe Zuordnung verwendeten. Es ist möglich, daß diese daher in England und Amerika sehr verbreitet ist. Das würde auch erklären, warum B. Potts für ihre Art der Zuordnung keine ausdrückliche Quelle nennt. Neben diesem Überlieferungsstrang gibt es in der Literatur noch zahlreiche andere Zuordnungsweisen. Etliche Autoren verzichten auch auf eine Verknüpfung von Astrologie und Tarot.

Wir haben uns für die Aufnahme der astrologischen Symbole entschieden, weil beide, Tarot und Astrologie, einen möglichen Spiegel darstellen. Beide zusammen können sich ergänzen, und ihre Kombination ergibt neue — aufschlußreiche — Deutungsmöglichkeiten. Wir haben uns für die vorliegenden Zuordnungen entschieden, weil wir damit in der Praxis sehr gute Erfahrungen gemacht haben. Daneben deckt sich unsere Zuordnung auch häufig mit Symbolen, die auf den Karten selbst abgebildet sind, z.B. der Mond in mehreren Symbolen auf der II-Die Hohepriesterin, die Widderköpfe auf der IV-Der Herrscher, die Fische auf dem Gewand des Kelch-Ritters, die Stierköpfe auf dem Thron des Münz-Königs u.a.m. Dennoch — zwingend ist das alles nicht. Die vorliegenden Kombinationen sind für uns nützlich und sehr aussagefähig. Für andere können das andere Verknüpfungen sein.

Wir betonen noch einmal, daß die Einleitungssätze bei jeder Karte vor allem die jeweils zugeordneten Sternzeichen und Planeten *nennen* sollen. Darüber hinaus soll damit kurz deren betreffende Bedeutung angegeben werden. Eine ausführlichere astrologische Charakterisierung ist damit nicht bezweckt. Die Hinweise verstehen sich als Zusatzinformationen. Sie eröffnen, je nach Kenntnis der Astrologie, einen zusätzlichen Zugang zu den Karten oder einen Einstieg in die Sterndeutung. – Die Zuordnungen, die wir im Text bei jeder Karte angegeben haben, fassen wir noch einmal in der folgenden Tabelle zusammen.

Datum	Tierkreis-zeichen	„Regierender“ Planet	Typische große Karte
21. 3.– 20. 4.	Widder	Mars	IV-Der Herrscher
21. 4.– 20. 5.	Stier	Venus	V-Der Hiero-phant
21. 5.– 21. 6.	Zwilling	Merkur	VI-Die Liebenden
22. 6.– 22. 7.	Krebs	Mond	VII-Der Wagen
23. 7.– 22. 8.	Löwe	Sonne	VIII-Kraft
23. 8.– 22. 9.	Jungfrau	Merkur	IX-Der Eremit
23. 9.– 22. 10.	Waage	Venus	XI-Gerechtigkeit
23. 10.– 21. 11.	Skorpion	Pluto	XIII-Der Tod
22. 11.– 20. 12.	Schütze	Jupiter	XIV-Mäßigkeit
21. 12.– 19. 1.	Steinbock	Saturn	XV-Der Teufel
20. 1.– 18. 2.	Wassermann	Uranus	XVII-Der Stern
19. 2.– 20. 3.	Fische	Neptun	XVIII-Der Mond

Anmerkungen:

- Sonne und Mond gelten in den Begriffen der Astrologie auch als Planeten.
- Die Königin „regiert“ jeweils in ihrer Farbreihe die kleinen Karten 2–4, der König 5–7 und der Ritter 8–10.

Entsprechende typische Hofkarte	Von Hofkarte „regierte“ kleine Karten	Ergänzende große Karte
Stab-Königin	Stab 2–4	XVI-Der Turm
Münz-König	Münz 5–7	III-Die Herrscherin
Schwert-Ritter	Schwert 8–10	I-Der Magier
Kelch-Königin	Kelch 2–4	II-Die Hohepriesterin
Stab-König	Stab 5–7	XIX-Die Sonne
Münz-Ritter	Münz 8–10	I-Der Magier
Schwert-Königin	Schwert 2–4	III-Die Herrscherin
Kelch-König	Kelch 5–7	XX-Gericht
Stab-Ritter	Stab 8–10	X-Rad des Schicksals
Münz-Königin	Münz 2–4	XXI-Die Welt
Schwert-König	Schwert 5–7	XXII/O-Der Narr
Kelch-Ritter	Kelch 8–10	XII-Der Gehängte

– Die ergänzende große Karte hat jeweils denselben Planeten wie das betreffende Tierkreiszeichen, ist aber weniger eng mit diesem verknüpft als die typische große Karte.

Erfahrungen mit Tarot

Tarot ist immer für Entdeckungen gut. Besonders wenn Du Dich über einen längeren Zeitraum damit beschäftigst, findest Du immer neue bedeutungsvolle Verbindungen zwischen einzelnen Karten oder Kartengruppen. Die Auseinandersetzung mit solchen Zusammenhängen ist sehr ergiebig. Wenn Du mit Deinen Erfahrungen sorgfältig umgehen willst, empfiehlt es sich, ein Tagebuch zu führen. Wenn Du Deine Entdeckungen in den Kartenbildern dort notierst, schaffst Du Dir mit der Zeit Dein eigenes Nachschlagewerk.

Sternzeichen und Elemente

Die folgenden Kartenkombinationen sind so dargestellt, daß sie auch ohne astrologische Vorkenntnisse nachzuvollziehen sind. Eine Möglichkeit vorweg: Du nimmst Dein Geburtsdatum und errechnest die Quersumme der Ziffern. Die große Karte, deren Zahl der Quersumme entspricht, kann als ein Schlüssel für Dich gelten.

Aus der Tabelle auf S. 112 kannst Du entnehmen, in welchem Sternzeichen Du geboren bist. Du findest in der Tabelle ferner eine große Karte und eine Hofkarte, die für Dein Sternzeichen typisch sind, sowie eine weitere große Karte, die ergänzend hinzugenommen werden kann. In der Regel haben diese Karten für Dich eine besondere persönliche Bedeutung. Nach unserer Erfahrung ist die Beschäftigung mit diesen Persönlichkeitskarten sehr aufschlußreich.

Dein Sternzeichen sagt Dir auch, zu welchem der vier Elemente Du eine besondere Beziehung hast. Jedem Element entspricht eine Farbreihe der kleinen Arkana. Es ist ebenfalls sehr lohnend, sich mit dieser zu beschäftigen. Das Element, das zu Deinem Sternzeichen gehört, findest Du auf den Seiten 46, 62, 78 und 94 (z. B. Steinbock = Element Erde). Du kannst Dir nun die ganze Farbreihe vorlegen und zunächst mit der Betrachtung derjenigen Karten beginnen, die Dich besonders ansprechen. Oder Du fängst mit dem Teil der Farbreihe an, der Deinem Sternzeichen zugeordnet ist (z.B. Steinbock = Farbreihe Münzen, zu Steinbock zugeordnet = Münz-Königin, Münz 2, 3 und 4, vgl. Tabelle S. 113). Fahre dann fort, bis Du alle Karten der Farbreihe im einzelnen studiert hast. Auf die Weise lernst Du die besonderen Qualitäten kennen, die für Dein Element typisch sind.

Du kannst dann einen Schritt weitergehen. Jedes Sternzeichen hat im astrologischen Kreis sein Gegenüber:

Verfahre nun mit dem gegenüberliegenden Sternzeichen genauso wie mit dem Geburtssternzeichen: such Dir die entsprechenden Persönlichkeitskarten heraus oder die betreffende Farbreihe. Untersuche sie genauso, wie Du das zunächst mit „Deinem" Sternzeichen gemacht hast. Du wirst bei diesem zweiten Durchgang hochinteressante Gegensätze und Ergänzungen feststellen. Leg dann die Karten beider Sternzeichen zusammen vor Dich, und Du erhältst bereits eine relativ differenzierte Aussage über Deine Persönlichkeit.

Weitere Möglichkeiten:

- Wenn Du Deinen Aszendenten kennst, kannst Du mit ihm und seinem Gegenüber (dem Deszendenten) ebenso verfahren wie mit dem Geburtssternzeichen und dessen Gegenüber. Zusammengenommen sind dies dann vier Pole, die sich zu einem aussagestarken Persönlichkeitsprofil ergänzen.
- Suche Bedeutungsverbindungen, die Deinem Element entsprechen. Beispiel: Du bist Widder, Element Feuer. Weitere Feuerzeichen sind Löwe und Schütze. Nimm nun die typischen großen Karten und Hofkarten für die drei Feuerzeichen. Du erhältst laut Tabelle, S. 112/113: IV-Der Herrscher, VIII-Kraft und XIV-Mäßigkeit sowie Stab-Königin, -König und -Ritter. Als ergänzende große Karten kannst Du dazulegen: XVI-Der Turm, XIX-Die Sonne und X-Rad des Schicksals. Wenn Du diese Karten studierst, gewinnst Du Einblick in Zusammenhänge, die die Entdeckung Deines Elements mitsamt seinen Qualitäten erheblich vertiefen.
- Dein Sternzeichen hat im astrologischen Kreis nicht nur ein Gegenüber, sondern bezieht sich auch auf zwei weitere Sternzeichen, die jeweils im Abstand von 90° zu ihm stehen. Beispiel: Schütze, Gegenüber = Zwilling, 90°-Abstand = Fische und Jungfrau. Am besten läßt sich diese Viererbeziehung als ein Kreuz von zwei sich schneidenden Polaritätsachsen vorstellen: Schütze – Zwilling und senkrecht dazu Fische – Jungfrau. Such dir anhand der Tabelle dazu die entsprechenden Karten. Wenn Du zunächst mit den Hofkarten beginnst, so ergibt sich im obigen Beispiel: Schütze = Stab-Ritter, Zwilling = Schwert-Ritter, Fische = Kelch-Ritter und Jungfrau = Münz-Ritter. Mit anderen Worten: Durch jene Kreuzbeziehung sind alle Ritter miteinanderverbunden; genauso verhält es sich mit den vier Königen und den vier Königinnen. Jeweils vier gleiche Hofkarten führen Dich einmal durch alle vier Elemente, und sie erweitern Deine Erkenntnisse aus der früheren Betrachtung Deines

Sternzeichens und seines Gegenübers zu einem Gesamtblick. Die Hofkarten sind für diese Vierervergleiche praktisch, weil man eben nur z.B. die vier Ritter heraussuchen muß. Du kannst aber auch die Tabelle nehmen und die entsprechenden großen Karten heranziehen, da zeigen sich ebenfalls neue Bedeutungszusammenhänge. Im obigen Beispiel wären das: XIV-Mäßigkeit, VI-Die Liebenden, XVIII-Der Mond und IX-Der Eremit.

Zahlensysteme

Alle Versuche, die Karten in bestimmte Systeme zu fassen, sind mit Vorsicht zu genießen. Das gilt auch schon für die obigen Kombinationsvorschläge mit Hilfe der Sternzeichen. Solche Raster können sehr viel leisten, wenn man erkannte Bedeutungen vertiefen will. Sobald man aber die Karten nur noch in bestimmten Zuordnungen sieht, geht ein großer Teil der unbefangenen und aufmerksamen Betrachtung verloren. Generell kann jede Karte mit jeder anderen zusammenhängen, und jede Karte spricht immer zuerst für sich. Mit soviel Vorwarnung nun ein paar der zahlreichen Zahlensysteme.

Große Arkana

Man kann sich die 22 großen Karten als einen Kreis vorstellen, d.h. die I schließt sich wieder an die XXII/O an. Wenn Du den Kreis betrachten willst, ist es gleichgültig, an welchem Punkt Du damit anfängst. Innerhalb des Kreises haben wir u.a. folgende Systeme mit Gewinn ausprobiert:

- Jede Karte läßt sich als Addition von Kräften anderer Karten verstehen. Beispiel: XIX = XVIII + I = XVII + II = XVI + III = XV + IV = XIV + V = … = XIV + III + II = XIV + IV + I usw.
- Die Karten von I–XX werden in zwei Reihen geteilt: I–X und XI–XX. Die I wird dann der XI zugeordnet, die II der XII, die III der XIII usw. bis die X der XX. – Annahme 1: Die I taucht auf „höherer" Ebene wieder in der XI auf, die II in der XII usw. bis die X in der XX. – Annahme 2: In der I sind maßgebliche Kräfte aus der XI enthalten, in der II aus der XII usw. bis in der X aus der XX.

- Die 22 Karten werden in zwei parallele Reihen aufgeteilt, I–XI und XII–XXII/O. Es liegen dann nebeneinander: I und XII, II und XIII, III und XIV usw. bis XI und XXII/O. Diese Kartenpaare stehen jeweils in einem Spannungsverhältnis zueinander und haben sich von daher etwas zu sagen.
- Das gilt auch für ein analoges Verfahren mit zwei gegenläufigen Reihen. Es liegen dann nebeneinander: I und XXII/O, II und XXI, III und XX, IV und XIX usw. bis XI und XII.

Kleine Arkana

Wenn man die Farbreihen jeweils als Entwicklungslinien von der 1 bis zur 10 nimmt, kann man u.a. folgende Charakterisierung treffen:

1 – (As) Die Essenz des jeweiligen Elements.
2 – Die erste Grunderfahrung des jeweiligen Elements.
3 – Die zweite Grunderfahrung des jeweiligen Elements; sie ist in sich schon abgerundet und hat eine direkte Beziehung zur 10.
4 – Die dritte und letzte Grunderfahrung; hier ist immer ein erster ganzer Prozeß zuende.
5 – In der Mitte, Halbzeit, Umbruch. Zusammenstoß von „positiven" und „negativen" Kräften des Elements.
6 – Konsolidierung. Direkte Beziehung zur 10. Festlegung der Entwicklungsrichtung auf die 10 hin.
7 – Große Ergebnisse. Kritische Stufe.
8 – Neue Stufe. Erste Konfrontation mit dem Element in seiner Totalität (in seiner entfalteten Form).
9 – Erfahrungen mit dem Element in seiner Totalität. Stabile Situation. Endspurt.
10 – Die Essenz des jeweiligen Elements in entfalteter Form.

In diesem Schema kann wieder gelten, daß sich jede Karte als Addition von Kräften verstehen läßt, etwa 10 = 7 + 3 = 9 + 1 usw. – Natürlich kann man sich gerade umgekehrt die 10er Reihe auch in der Entwicklungsrichtung auf die 1 (As) hin vorstellen. Schließlich kann man die 10 Karten auch wieder als Kreis auffassen, so daß es keinen besonderen Anfangs- und Endpunkt gibt.

Deine Sicht der Karten ist maßgeblich

Die systematische Betrachtung von Kartenzusammenhängen kann Bedeutungen vertiefen und eine ganze Erfahrungs*welt* widerspiegeln. Sie kann Anlaß sein, Dich weiterführend mit Themen der Psychologie, Mythologie und Astrologie zu beschäftigen oder mit Romanen und Lebensberichten oder mit Geschichte und Gesellschaftskunde oder mit . . . Doch haben die Einsichten und Erkenntnisse, die die Karten eröffnen, letztlich nur wirkliche Bedeutung, wenn Du sie in Dein Leben aufnimmst, wenn Du sie *lebst*. „Es gibt Gedanken", so heißt es bei Schwert 8, „die Du nicht begreifen kannst, ohne Dein Leben zu verändern." (Werner Sprenger).

Such Dir Deinen Zugang zu den einzelnen Kartenbildern. Probiere verschiedene Decks aus, wenn Du willst, oder fertige Dir eigene Karten an, evtl. mit wenigen Symbolen. Zieh andere Karteninterpretationen heran. „Lies die Bedeutung in den verschiedenen Büchern und Broschüren nach, aber folge auch deinem Gefühl: was löst die Karte in dir aus unabhängig von jeder Interpretation. Schreib dir das immer auf, das wird am Ende dein eigenes Tarotbuch." (Luisa Francia).

Der letzte Satz war einer der Anstöße für dieses Buch. Eines Tages hatten wir die Idee, neben unseren Tagebüchern speziell ein Tarot-Ringbuch anzulegen. Jede Karte bekam eine Doppelseite. Links klebten wir pro Karte die uns wichtigen Deutungen aus verschiedenen Büchern ein, rechts sammelten wir dann eigene Ideen, Erfahrungen, Träume, Assoziationen usw. Bis zum fertigen Buch war es ein weiter Weg, aber das war der Grundstock. Die Broschüre von Luisa Francia war unsere erste Einführung in das Tarot, und es ist auch ein „Danke" dafür, wenn wir ihr das Schlußwort überlassen (wem der nachfolgende Kaffeesatz nicht gefällt, die/der soll statt dessen ein beliebiges Tagesereignis einsetzen):

Wenn Du mit Tarot lebst, „wächst dein Bewußtsein in die Tiefe und dein Unbewußtes in die Höhe: du wächst zusammen, du wirst zu einem Ganzen. Du lernst die Botschaften aus dir (oder aus dem Kosmos, oder wie immer du das nennst) zu lesen und zu verstehen. Am Ende ist Tarot nur ein Gerüst: dahinter steht schon die ganze Zeit das Haus. Aber zuerst siehst du das Haus einfach nicht. Du kannst das Gerüst abbauen, wenn du es siehst. Das ist der Punkt, an dem du eigentlich auch keine Karten mehr brauchst, an dem du aus der Formation eines Moosflecken, aus einer Pfütze, aus dem Kaffeesatz, aus den Wolken lesen kannst. Aber bis dahin ist Tarot ein guter Weg!"

Quellenangaben und Anmerkungen

S. 5: Uta van Steen, Stäbe, Kelche, Schwerter, Münzen ... „Schwarze Kunst" ist wieder gefragt: Die Renaissance der Tarot-Karten, in: Die ZEIT 6/84, S. 64.

S. 7: Billie Potts, Ein neues Tarot der Frauen, München 1982 (Verlag Frauenoffensive), S. 5.

S. 9: Italo Calvino, Das Schloß, darin sich Schicksale kreuzen, München 1984 (dtv 10284), S. 139.
Umberto Eco, sinngemäße Wiedergabe eines Zitats von ihm, das in einer Besprechung seiner Nachschrift zu „Der Name der Rose" enthalten war, in: buch aktuell 1/84.
Zum Anbruch des „Wassermann-Zeitalters", vgl. Marilyn Ferguson, Die sanfte Verschwörung, Persönliche und Gesellschaftliche Transformation im Zeitalter des Wassermanns, Basel 2. Aufl. 1982 (Sphinx Verlag); Reshad Feild, Ich ging den Weg des Derwisch, Frankfurt 1981 (Fischer Taschenbuch 3387), S. 103; ferner die populären Darstellungen im Musical „Hair" („Aquarius") sowie in: Ernest Callenbach, Ökotopia, Berlin 1978 (Rotbuch 200). – Weltzeitalter: 4300–2200 v. Chr. Stier-Zeitalter; 2200–150 v. Chr. Widder-Zeitalter; 150 v. Chr.–1950 n. Chr. Fische-Zeitalter; 1950–4000 n. Chr. Wassermann-Zeitalter, vgl. Udo Becker, Was sagen Sterne? Freiburg-Basel-Wien 1983 (Herderbücherei 1053), S. 78.

S. 10: Helmut G. Walther, Mittelalter, in: V. Dotterweich, A. Mehl, H.G. Walther, E. Schwalm, M. Würfel, Grundriß der Geschichte, Band 1, Stuttgart 1984 (Klett), S. 187.

S. 11: Luisa Francia, Hexentarot, Traktat gegen Macht und Ohnmacht, München o.J. (1981), (Selbstverlag, zu bestellen bei: L. Francia, Preysingstr. 35/I, 8 München 80), S. 6;
Uta van Steen, a.a.O.;
Billie Potts, a.a.O., S. 6;
Dr. Arthur E. Waite, zit. n. Stuart R. Kaplan, Einführung, in: Beilageheft zum Raider-Waite-Deck, dtspr. Ausgabe, Neuhausen/Schweiz 1982, S. 1;
Edwin J. Nigg, Wahrsagen mit Tarot-Karten, Niedernhausen 1979 (Falken Bücherei 0482), S. 6;
Lady Frieda Harris, in: James Wasserman, Instructions for Aleister Crowley's Thoth Tarot Deck, plus two essays written by Lady Frieda Harris with commentary and footnotes by Stuart R. Kaplan, New York 1978/1983 (U.S. Games Systems, Inc.), S. 3;
Hans-Dieter Leuenberger, Schule des Tarot I, Das Rad des Lebens, Freiburg 1981 (Hermann Bauer Verlag), S. 32;
Swami Prembodhi, zit. n. Swami Anand Anupam, Spiel Tarot Spiel Leben, Margarethenried 1981 (Sannyas-Verlag), S. 118;
Karin Petersen, Bube, König, As und Phantasie, in: Brigitte 4/84, S. 116;

Anna Dinkelmann, Tarot – in den Bildern von der anderen Seite des Spiegels lesen, o.O. 2. Aufl. 1982 (Selbstverlag, erhältlich bei: Frauenbuchladen, Herforderstr. 64, 48 Bielefeld 1), Titel.

S. 12: Stuart R. Kaplan, a.a.O., S. 8 f.
Fritz J. Raddatz, Die Aufklärung entläßt ihre Kinder, in: Die ZEIT 27/84, Dossier S. 9 f.; ders., Unser Verhängnis als unsere Verantwortung, in: Die ZEIT 28/84, Dossier S. 9 f.

S. 15: Michael Murphy, zit. n. M. Ferguson, a.a.O., S. 130.
Wolfgang Neuss, Leserbrief, in: Die ZEIT 31/84, S. 13.
Aldous Huxley, zit. n. M. Ferguson, a.a.O., S. 432 f.

S. 16: Luisa Francia, a.a.O., S. 6.

S. 27: Das „skandinavische Sprichwort" ist zit. n. M. Ferguson, a.a.O., S. 280.

S. 29: Rainer M. Rilke, zit. n. Marilyn Ferguson, Beziehungen, in: Sphinx 25 (April/Mai 1984), S. 21.

S. 30: Zur Bedeutung der Sphinxe, vgl. Anmerkung zu S. 33.

S. 31: Harald Utecht, Kreislaufbeschwerden, in: Brigitte Heidebrecht (Hrsg.), laufen lernen, texte vom aufbruch, Bonn 1982 (Verlag Kleine Schritte), S. 11.

S. 32: Franz von Assisi, zit. n. Reshad Feild, a.a.O., S. 97. Über den mittelalterlichen Mystiker Franz v. Assisi finden sich jeweils interessante eigene Kapitel in: Idries Shah, Die Sufis, Düsseldorf/Köln 1976 (Eugen Diederichs Verlag); Adolf Holl, Mystik für Anfänger, Stuttgart 1977 (Deutsche Verlags Anstalt).

S. 33: Die vier Elemente in den Kartenecken bedeuten: Stier – Erde, Löwe – Feuer, Adler = Skorpion – Wasser, Engel=Wassermann – Luft. – Die Angaben zu Schlange (Typhon) und „Schakal" (Anubis) nach H.D. Leuenberger, a.a.O., S. 155. – Die lateinischen Zeichen können gelesen werden als: rota taro(t) orat(or) tora ator, was soviel bedeutet wie: Das Rad des Tarots verkündet das Gesetz der Ator. Die altägyptische Göttin Hathor (Ator) steht für die Prinzipien und den Wandel der Natur, des Lebens. Der Spruch kann dann so verstanden werden: Das Rad des Tarots kündet die Prinzipien und den Wandel des Lebens. – Die hebräischen und alchemistischen Zeichen bedeuten sinngemäß dasgleiche wie die lateinischen, vgl. H.D. Leuenberger, a.a.O., S. 158 ff. – Die Sphinx ist ein Symbol für die Rätsel und die Einheit des Lebens. Es gibt verschiedene Erklärungen für dieses mythische Wesen. Nach H.D. Leuenberger, a.a.O., S. 155, setzt sich die Sphinx aus den folgenden Elementen zusammen, die mit den Gestalten in den Kartenecken korrespondieren: Stier-Körper, Löwen-Pranken und -Schwanz, Engel/Mensch-Gesicht und Adler-Flügel (letztere sind allerdings auf den Karten VII und X nicht abgebildet). Ähnlich auch die Darstellung bei Robert von Ranke-Graves, Griechische Mythologie, Quellen und Deutungen, Band 2, Reinbek 1960 (rde 115), S. 8: „Man konnte die Sphinx an ihrem Frauenkopf, Löwenkörper, Schlangenschwanz und an den Adlerflügeln erkennen." R. v. Ranke-Graves nimmt an

(a.a.O., S. 11), daß „die Geschichte über die Sphinx von einem Bild abgeleitet (wurde), das die geflügelte Mondgöttin Thebens zeigt." Die Mondgöttin oder Dreifaltige Göttin ist die Gottheit des matriarchalen, vorklassischen Altertums, vgl. Heide Göttner-Abendroth, Die Göttin und ihr Heros, Die matriarchalen Religionen in Mythos, Märchen und Dichtung, München 1980 (Verlag Frauenoffensive), S. 5 ff.
Anja Meulenbelt, Die Scham ist vorbei, Eine persönliche Erzählung, München 6. Aufl. 1981 (Verlag Frauenoffensive), S. 298.
The Beatles Songbook I, hrsg. v. Alan Aldrigde, München 1971 (dtv 745), S. 60.

S. 36: Johann Wolfgang v. Goethe, Selige Sehnsucht, in: Wilhelm Scholz (Hrsg.), Das Deutsche Gedicht, Stuttgart 1954 (Verlag Deutsche Volksbücher), S. 97.

S. 39: Ina Deter, Wenn schon'n Cowboy Präsident werden kann, auf der LP „Aller Anfang sind wir", 1981 UP Records 3003.
Rose Ausländer, Gesammelte Werke, Leverkusen 1976 (Literarischer Verlag Helmut Braun), S. 232.

S. 40: Hermann Hesse, zit. n. Marilyn Ferguson, Die sanfte Verschwörung, Persönliche und Gesellschaftliche Transformation im Zeitalter des Wassermannns, Basel 2. Aufl. 1982 (Sphinx-Verlag), S. 134.

S. 41: Michael Ende, Die unendliche Geschichte, Stuttgart 1979, (K. Thienemanns Verlag).

S. 42: Colin Wilson, zit. n. M. Ferguson, a.a.O., S. 441.

S. 44: Zur Erklärung der vier Elemente in den Kartenecken, vgl. Anmerkung zu S. 33.

S. 52: Heinrich Böll, Man muß zu weit gehen, in: Süddeutsche Zeitung v. 30. 1. 1972, zit. n. ders., Das Heinrich Böll Lesebuch, hrsg. v. Viktor Böll, München 1982 (dtv 10031), S. 431.

S. 53: Das „Sprichwort der Sufis" stammt von Hazrat Inayat Khan und ist zit. n. Reshad Feild, a.a.O., S. 24.

S. 59: Beatles Songbook I, a.a.O., S. 46.

S. 62: Bertolt Brecht, Legende von der Entstehung des Buches Taoteking auf dem Weg des Laotse in die Emigration, in: Gesammelte Werke 9, Frankfurt 1967 (edition suhrkamp), S. 661.

S. 65: „Kraftzentrale Unterbewußtsein" ist der Titel eines Buches von Erhard E. Freitag, München 1984 (Goldmann 11740), auf das hier inhaltlich weiter kein Bezug genommen wird.
Zu „Stirb und werde", vgl. Anmerkung zu S. 36.
Italo Calvino, Der Baron auf den Bäumen, München-Wien 1984 (Carl Hanser Verlag), S. 194.

S. 74: Frederike Frei, Schuldschein, in: B. Heidebrecht (Hrsg.), a.a.O., S. 9.

S. 76: Sheldon B. Kopp, Triffst Du Buddha unterwegs . . ., Psychotherapie und Selbsterfahrung, Frankfurt 1978 (Fischer Taschenbuch 3374), S. 194.

S. 77: William Blake, zit. n. Sonntagsgruß ans Krankenbett, Kath. Krankenbrief, St. Elisabeth-Krankenhaus, Köln ca. Sommer 1982.

S. 78: Bertolt Brecht, hier zit. n. einer Schulungsunterlage der IG Druck und Papier, Springen/Ts. 1982.

S. 79: Roswitha Schneider, Akrobatik, in: B. Heidebrecht (Hrsg.), a.a.O., S. 48.

S. 80: Reinhard Mey, Über den Wolken, auf der LP „Die großen Erfolge“, intercord 46409-9.

S. 82: Susanne Zühlke, Denn wenn man was liebt, in: B. Heidebrecht (Hrsg.), a.a.O., S. 28.

S. 84: Beatles Songbook I, a.a.O., S. 147; mit einer Änderung wurde die Übersetzung von Peter Zentner, a.a.O., S. 202, benutzt.

S. 89: Hans-Curt Flemming, An Mauern entlanggewachsen, in: B. Heidebrecht (Hrsg.), a.a.O., S. 50.

S. 91: Werner Sprenger, (ohne Titel) zit. n. Karl Adamek, Lieder der Arbeiterbewegung, Frankfurt 1981 (Büchergilde Gutenberg), S. 24.

S. 93: Der „Zen-Spruch“ ist in verschiedenen Wortfassungen überliefert, vgl. S.B. Kopp, a.a.O., S. 161 f.; M. Ferguson, a.a.O., S. 436.

S. 95: Nazim Hikmet, zit. n. Wandmalerei an der Alten Feuerwache, Köln, Melchiorstraße.

S. 98: Luisa Francia, a.a.O., S. 36.

S. 99: Gina Ruck-Pauquèt, Ginas Zoo, Tiergeschichten, Reinbek 1976 (rororo rotfuchs 125), S. 40.

S. 103: Ina Deter, a.a.O.

S. 104: Wolfgang Ambros, Selbstbewußt, auf der LP „Selbstbewußt“, 1981 bellaphon 270 01 031.

S. 107: Edith Vahrenhorst, Vieles war nicht nötig, in: B. Heidebrecht (Hrsg.), a.a.O., S. 65.
Bertolt Brecht, Die Tage der Commune, Gesammelte Werke 5, Frankfurt 1967 (edition suhrkamp), S. 2148.
Konstantin Wecker, Wer nicht genießt, ist ungenießbar, auf der LP „Live“, 1979 Polydor 2664 239.

S. 116: Abb. des Tierkreises mit freundlicher Genehmigung des API, CH-8134 Adliswill.

S. 120: Luisa Francia, a.a.O., S. 7.

Literaturhinweise

Im folgenden die Tarot-Literatur und die sonstigen Veröffentlichungen, die uns (oder einer/m von uns) für dieses Buch am wichtigsten waren.

Italo Calvino, Das Schloß, darin sich Schicksale kreuzen, München 1984 (dtv 10284)

Anna Dinkelmann, Tarot – in den Bildern von der anderen Seite des Spiegels lesen, o.O. 2. Aufl. 1982 (Selbstverlag, erhältlich bei: Frauenbuchladen, Herforderstr. 64, 48 Bielefeld 1)

Luisa Francia, Hexentarot, Traktat gegen Macht und Ohnmacht, München o.J. (1981) (Selbstverlag, zu bestellen bei: L. Francia, Preysingstr. 35/I, 8 München 80)

Hugendubel – Bücherkatalog Esoterik, München 7. Aufl. 1983 (Buchhandlung Hugendubel, Postfach 209, 8 München 1)

Stuart R. Kaplan, Einführung, in: Beilageheft zum Raider-Waite-Deck, englspr. Ausgabe New York 1971, dtspr. Ausgabe Neuhausen/Schweiz 1982.

Hans-Dieter Leuenberger, Schule des Tarot I, Das Rad des Lebens, Freiburg 1981 (Hermann Bauer Verlag)

Edwin J. Nigg, Wahrsagen mit Tarot-Karten, Niedernhausen 1979 (Falken Bücherei 0482)

Phoenix/Bärbel Messmer, venus ist noch fern, unsere suche nach einer weiblichen astrologie, München 4. Aufl. 1981 (come out lesbenverlag)

Billie Potts, Ein neues Tarot der Frauen, München 1982 (Verlag Frauenoffensive)

Swami Anand Anupam, Spiel Tarot Spiel Leben, Margarethenried 1981 (Sannyas-Verlag)

James Wasserman, Instructions for Aleister Crowley's Thoth Tarot Deck, plus two essays written by Lady Frieda Harris with commentary and footnotes by Stuart R. Kaplan, New York 1978/1983 (U.S. Games Systems, Inc.)

Joachim Ernst Berendt, Nada Brahma, Die Welt ist Klang, Frankfurt 1983 (Insel-Verlag)

Heinrich Böll, Das Heinrich Böll Lesebuch, hrsg. v. Viktor Böll, München 1982 (dtv 10031)

Italo Calvino, Der Baron auf den Bäumen, München-Wien 1984 (Carl Hanser Verlag)

Rudi Dutschke, Geschichte ist machbar, Texte über das herrschende Falsche und die Radikalität des Friedens, hrsg. v. Jürgen Miermeister, Berlin 1980 (Wagenbachs Taschenbücherei 74)

ders., Mein langer Marsch, Reden, Schriften und Tagebücher aus zwanzig Jahren, hrsg. v. G. Dutschke-Klotz, H. Gollwitzer u. J. Miermeister, Reinbek 1980 (rororo aktuell 4718)

Reshad Feild, Ich ging den Weg des Derwisch, Frankfurt 1981 (Fischer Taschenbuch 3387)

Marilyn Ferguson, Die sanfte Verschwörung, Persönliche und Gesellschaftliche Transformation im Zeitalter des Wassermanns, Basel 2. Aufl. 1982 (Sphinx Verlag)

Johann Wolfgang v. Goethe, Faust I, II, Stuttgart 1968 (Reclam 1/1a, 2/2a)

Heide Göttner-Abendroth, Die Göttin und ihr Heros, Die matriarchalen Religionen in Mythos, Märchen und Dichtung, München 1980 (Verlag Frauenoffensive)

Hermann Hesse, Siddharta, Eine indische Dichtung, Frankfurt 1974 (suhrkamp taschenbuch 182)

Carl Gustav Jung, Über die Psychologie des Unbewußten, Frankfurt 1975 (Fischer Taschenbuch 6299)

Sheldon B. Kopp, Triffst Du Buddha unterwegs . . ., Psychotherapie und Selbsterfahrung, Frankfurt 1978 (Fischer Taschenbuch 3374)

Anja Meulenbelt. Die Scham ist vorbei, Eine persönliche Erzählung, München 6. Aufl. 1981 (Verlag Frauenoffensive)

Alexander Mitscherlich, Das Ich und die Vielen, Parteinahmen eines Psychoanalytikers, hrsg. v. Gerd Kalow, München 1978 (R. Piper & Co.)

Anaïs Nin, Die Tagebücher der Anaïs Nin 2, München 1972 (dtv 858)

Robert von Ranke-Graves, Griechische Mythologie, Quellen und Deutungen, 2 Bde., Reinbek 1960 (rde 113, 115)

Gina Ruck-Pauquèt, Ginas Zoo, Tiergeschichten, Reinbek 1976 (rororo rotfuchs 125)

Michael Rutschky, Die Wartezeit, Ein Sittenbild, Köln 1983 (Kiepenheuer & Witsch)

Jerome D. Salinger, Franny und Zooey, Reinbek 1967 (rororo 906)

Dorothee Sölle, Die Hinreise, Zur religiösen Erfahrung, Texte und Überlegungen, Stuttgart 1975 (Kreuz-Verlag)

Klausbernd Vollmar, Mann-Werden, Ein Traum, in: Rodrigo Jokisch (Hrsg.), Mann-Sein, Identitätskrise und Rollenfindung des Mannes in der heutigen Zeit, Reinbek 1982 (rororo 7500), S. 176ff.

Danksagungen

Wir danken allen Teilnehmer(inne)n der Tanzprojekte II und IV, den Mitglieder(inne)n der Koordinationsteams II und IV sowie James Saunders, Begründer und Betreuer der „Kreativität durch Bewegung"-Kurse in Köln. Unsere Erfahrungen in diesen Gruppen waren eine wichtige Grundlage für dieses Buch. Bei Brigitte Heidebrecht bedanken wir uns für die sehr engagierte, kritik- und verständnisvolle Besprechung der Manuskripte. Wir danken Achim und Rüdiger Heidebrecht für Unterstützung und gute Zusammenarbeit. Jutta Kühn danken wir für ihre kritischen Hinweise zum Manuskript.

Autorin und Autor

Evelin Bürger

32 Jahre, geboren in Kiel, lebt seit 12 Jahren in Köln.
Gelernte Erzieherin. Längere Berufstätigkeit in einem Kinderladen. Studium der Sozialpädagogik. Frauenbewegte Jahre: Mitarbeit im Kölner Haus für geschlagene Frauen; Mitbegründerin der Kölner Heiminitiative und spätere Arbeit in einem Kölner Mädchenheim.
„Kreativität durch Bewegung“ im Kölner Tanzprojekt und in einer Rhythmik-Zusatzausbildung. – Die mehrjährige Beschäftigung mit Tarot erhielt ergänzende Impulse durch die Entdeckung der Astrologie und ihre Verbindung zum Tarot.
Hauptamtlich tätig als Sozialpädagogin in einem Gemeinwesen-Projekt in einem Kölner Stadtteil.

Johannes Fiebig

31 Jahre Leben in Köln. Studium der Sozialwissenschaften, Geschichte und Germanistik. Unterrichtstätigkeit und Lehrer-Referendariat. Zuletzt Verlagslektor und Korrektor.
Ältester von 5 Brüdern. Als Junge Einführung in den Marien-Kult der katholischen Schönstatt-Bewegung mit deutlich „mutterrechtlichen“ Zügen. Als Oberschüler Vertiefung in die klassische Philosophie, Mythologie und Psychologie. Engagiert in der Jugend-, Schüler- und Studentenbewegung. Langjährige politische Aktivität, davon 4 Jahre Betriebsrats-Vorsitzender und in Gewerkschaftsämtern.
Teilnahme an Männer-, Musik- und Tanzgruppen. Auseinandersetzung mit der „neuen Religiosität“ (Bhagwan, Sufis, kath. und evang. Jugend).

Erfahrungen mit diesem Buch, Kritik und Anregungen bitte an:

Evelin Bürger · Johannes Fiebig
Clostermannstraße 1
5000 Köln 80

Wir führen auch Tarot-Kurse, Vorträge, Gruppen- und Einzelsitzungen durch. Näheres auf Anfrage.